Laissons Faire
revue mensuelle de l'Institut Coppet

Rédacteur en chef : Benoît Malbranque

Comité d'honneur :

Christian Michel, entrepreneur, essayiste, président de Libertarian International, directeur de l'International Society for Individual Liberty (ISIL)

Robert Leroux, docteur en sciences sociales, professeur à l'Université d'Ottawa.

Gérard Minart, journaliste et essayiste, ancien rédacteur en chef à La Voix du Nord. Auteur de biographies de F. Bastiat, J.-B. Say, G. de Molinari et J. Rueff.

David Hart, historien des idées, directeur du projet Online Library of Liberty (OLL) pour le Liberty Fund à Indianapolis aux USA.

Mathieu Laine, entrepreneur, éditorialiste au Point et au Figaro, professeur affilié à Sciences-Po.

Philippe Nemo, professeur de philosophie politique et sociale à l'ESCP-Europe (École Supérieure de Commerce de Paris), essayiste et historien des idées politiques.

Alain Laurent, philosophe, essayiste et directeur des collections « Bibliothèque classique de la liberté » et « Penseurs de la liberté » aux éditions des Belles Lettres.

Frédéric Sautet, docteur en économie, ancien professeur à New York University et à George Mason, il enseigne désormais à la Catholic University of America.

Emmanuel Martin, docteur en économie, responsable du projet d'Atlas network « Libre Afrique » et directeur de l'Institute for Economic Studies – Europe (IES).

Guido Hülsmann, docteur en économie, professeur à l'université d'Angers et Senior Fellow au Mises Institute à Auburn (USA).

Cécile Philippe, docteur en économie, directrice de l'Institut économique Molinari.

Henri Lepage, membre de la Société du Mont-Pèlerin, fondateur de l'Institut Turgot.

Thierry Afschrift, spécialiste de droit fiscal, avocat au Barreau de Bruxelles, Anvers et Madrid, et professeur ordinaire à l'Université Libre de Bruxelles.

Laissons Faire

Publication mensuelle de l'Institut Coppet

www.institutcoppet.org

38ème Numéro ~ Octobre 2021

Sommaire :

ÉTUDES	Les libéraux français en voyage aux États-Unis, par Benoît Malbranque	5
TEXTES	La correspondance entre le marquis de Mirabeau et Jean-Jacques Rousseau (Partie 3 sur 3)	10
	Nécessité de la concurrence religieuse, par Yves Guyot (1899).	38
RECENSION	Olivier Caumont (dir.), *La Maison des Lumières Denis Diderot. Présentation des collections permanentes*, Silvana Editoriale, 2021, 104 pages.	47

Les libéraux français en voyage aux États-Unis

> « S'il y a beaucoup à admirer et même à emprunter aux États-Unis, il y a aussi quelque chose à laisser. » — Gustave de Molinari[1]

> « Ceux qui, après avoir lu ce livre, jugeraient qu'en l'écrivant j'ai voulu proposer les lois et les mœurs anglo-américaines à l'imitation de tous les peuples qui ont un état social démocratique, ceux-là auraient commis une grande erreur. » — Alexis de Tocqueville[2]

L'histoire des États-Unis est fréquemment présentée comme une preuve et un exemple du succès des institutions libres, et pour cette raison on suppose gratuitement que ce pays a dû nécessairement être tenu en haute estime par les libéraux français, qui au cours des XVIIIe et XIXe siècles défendaient de telles institutions dans leur propre pays. Il y a plusieurs raisons qui nous font supposer d'avance que cela pourrait bien ne pas être. Tout d'abord, n'importe quel pays situé à l'autre bout de la terre, et qu'on ne peut rejoindre que par un trajet par bateau d'une dizaine de jours au bas mot, doit nécessairement être représenté de manière peu fidèle. Ceux qui ne se reposent que sur des récits extérieurs peuvent aisément être trompés, et ceux qui font l'effort du voyage ont rarement assez de temps à leur disposition pour mener une analyse en profondeur dudit pays. Volney, qui parvient aux États-Unis en 1795, y passera 3 ans ; Tocqueville dut tirer le plus possible de ses 9 mois passés sur place, entre 1831 et 1832 ; et en 1876 Gustave de Molinari réembarquait 3 mois à peine après avoir posé le pied en Amérique.[3] Tous étaient convaincus de l'inadéquation d'un temps si réduit.[4] Au-delà même de ces aspects plus techniques qu'intellectuels, il est fort possible que la notion même de liberté, telle qu'entendue aux États-Unis, n'ait pas été tout à fait de leur goût. Si l'on se rappelle qu'à la toute fin de son séjour, Molinari éprouvait un manque terrible de cuisine française[5], et que Volney critiquait de même les mœurs culinaires américaines comme un projet bien combiné pour multiplier les indigestions tout au long de la journée[6], il n'est pas impossible qu'une réaction similaire ait eu lieu aussi chez eux dans le domaine des idées.

---

[1] Gustave de Molinari, *Lettres sur les États-Unis et le Canada*, 1876, p. 361
[2] *Abrégé de la Démocratie en Amérique*, éd. Institut Coppet, p. 17.
[3] Gustave de Molinari, *Lettres sur les États-Unis et le Canada*, 1876, p. 346.
[4] « Il me semble impossible d'avoir une idée nette de ce grand pays à moins de trois ans, surtout pour un Français », jugeait Volney à la fin du siècle précédent. (Lettre à La Révellière-Lépeaux, 14 janvier 1797) — « Un an m'a toujours paru un espace trop court pour pouvoir apprécier convenablement les États-Unis » dit quant à lui Tocqueville. (Lettre à son cousin le comte Molé, août 1835.)
[5] Gustave de Molinari, *Lettres sur les États-Unis et le Canada*, 1876, p. 362.
[6] Constantin-François Volney, *Tableau du climat et du sol des États-Unis d'Amérique*, 1803, p. 305 et 349.

Un modèle et une inspiration

Pour les libéraux français, les États-Unis représentèrent bel et bien, du moins jusqu'à un certain point, la preuve éclatante de la supériorité de la liberté. C'était le pays de la liberté d'expression, de la liberté religieuse, du libre-échange, des taxes modérées et d'une intervention de l'État extrêmement limitée, et les effets positifs de toutes ces mesures pouvaient être jugées sur pièces, à l'aune de la croissance rapide et presque incroyable que connurent les États-Unis tant en termes de population que de richesse. Certains, tels Bastiat[1], ajoutaient à ces mérites la politique étrangère de non-intervention ; cependant les opinions sur ce point variaient. Une chose était claire : l'Américain moyen vivait dans la prospérité. « Ici rien n'est plus aisé que de vivre en travaillant, et de bien vivre, notait Michel Chevalier en avril 1834. Les objets de première nécessité, pain, viande, sucre, thé, café, chauffage, sont généralement à plus bas prix qu'en France, et les salaires y sont doubles ou triples. »[2] La libre concurrence assurait le développement des chemins de fer et de technologies telles que la télégraphie électrique, et les consommateurs pouvaient jouir du meilleur service au moindre prix.[3]

Sur certaines questions, les États-Unis donnaient corps à des idées radicales. Lorsque Jean-Gustave Courcelle-Seneuil, un pionnier de la banque libre, défendait son principe, il pouvait repousser l'objection que ce n'était que pure utopie, en citant des exemples concrets, tels que les États-Unis.[4] Pareillement, l'absence de l'intervention de l'État, si patente en Amérique, donna des idées à Jean-Baptiste Say[5], Alexis de Tocqueville[6] et Gustave de Molinari[7]. « Je ne me suis donc point trop hasardé en vous disant que l'on pouvait concevoir une société sans gouvernement, fait ainsi remarquer Jean-Baptiste Say ; on peut faire plus que la concevoir ; on peut la voir : il n'y a d'autre difficulté que celle du voyage. »[8]

Un voyage plein de surprises

Certains firent en effet ce voyage. Ils jouissaient encore, il est vrai, de la liberté de le faire. « On débarque dans ce pays, on y séjourne, on y voyage sans passeport, écrit un voyageur en 1821. Arrivé sans autre bagage que celui dont vous êtes couvert, vous n'avez qu'à sauter à terre, et personne ne s'informe des motifs qui vous amènent ».[9] En 1876, Gustave de Molinari eut à subir l'inspection sanitaire, mais il ne fallut pas plus

---

[1] *Œuvres complètes de Frédéric Bastiat*, tome V, p. 455.

[2] Michel Chevalier, *Lettres sur l'Amérique du Nord*, 1836, t. I, p. 145.

[3] Gustave de Molinari, *Lettres sur les États-Unis et le Canada*, 1876, p. 47.

[4] Jean-Gustave Courcelle-Seneuil, *La Banque libre. Exposé des fonctions du commerce de banque et de son application à l'agriculture*, 1867, p. 115.

[5] Archives nationales, Fonds Say, Papiers. XVI. Cours d'économie politique donnés à l'Athénée en 1819 ; *New and unpublished material regarding French classical liberalism*, Institut Coppet, p. 68.

[6] Carnets ; *Abrégé de la Démocratie en Amérique*, éd. Institut Coppet, p. 80.

[7] *Œuvres complètes de Molinari*, éd. Institut Coppet, volume IV, p. 469.

[8] Archives nationales, Fonds Say, Papiers. XVI. Cours d'économie politique donnés à l'Athénée en 1819 ; *New and unpublished material regarding French classical liberalism*, Institut Coppet, p. 68.

[9] Édouard de Montulé, *Voyage en Amérique*, t. I, 1821, p. 19.

de quelques minutes au docteur envoyé à bord pour constater qu'il n'y avait pas de cas de choléra, de peste ou de petite vérole parmi les arrivants. [1]

Le séjour aux États-Unis réservait bien des surprises. Les villes, d'abord, portaient des noms curieux, certains villages reculés étant nommés Rome ou Paris, et cela plutôt deux fois qu'une. « Il y a plus de soixante endroits divers du nom de Washington aux États-Unis, raconte Volney. Il y a aussi une douzaine de Charleston ». [2] La plupart des villes étaient d'ailleurs construites d'après un plan uniforme, toutes leurs rues venant se croiser en angle droit. « Qui a vu une rue et une maison les a vues toutes », déplore Molinari. [3]

Les Américains pouvaient bien être des hommes d'affaires fort avisés, d'après les libéraux français en voyage aux États-Unis les subtilités de l'art semblaient bien les dépasser. Les bâtiments publics n'apparaissaient que comme des copies médiocres de monuments de la Grèce ancienne et de la Rome antique, copies d'ailleurs sans goût ni sens des proportions. La plupart des constructions classiques vues par Tocqueville à New York étaient même tout simplement des faux, avec des « murs de briques blanchies et des colonnes de bois peint. » [4] « La Maison-Blanche, malgré son portique grec, ressemble à une sous-préfecture de second ordre » [5] constate sévèrement Molinari. Et ces appréciations critiques s'étendent même à la littérature nationale, jugée extrêmement pauvre[6], et aux produits industriels américains, qui manquent de fini et d'élégance. Le même Molinari, qui formule fortement cette critique, conclut son propos en notant que « de bonnes écoles de dessin industriel ne seraient pas inutiles aux États-Unis. » [7]

La face cachée de l'Amérique

Lorsque les libéraux français en voyage aux États-Unis, tournaient leur attention vers quelques questions brûlantes comme l'esclavage ou le traitement réservé aux indigènes ou aux noirs, leur ton était plus critique encore.

Volney présente les indigènes d'Amérique comme un peuple extrêmement primitif, et dans son esprit le débat hérité de Rousseau, sur la supériorité ou l'infériorité de l'état de nature comparé à la civilisation moderne, était vite tranché. Cependant il les étudia avec sympathie et fit les plus grands efforts pour comprendre leur point de vue ; il leur souhaitait sincèrement le meilleur. Il ne se faisait toutefois aucune illusion quant à leur destin, sous les coups de l'expansion des Anglo-Américains. [8] Tocqueville également impute au peuple « le plus civilisé et j'ajoute le plus avide de la terre » [9] la rapide extinction des indigènes. Cherchant un jour de l'aide pour sauver un 'Indien' étendu sur le

---

[1] Gustave de Molinari, *Lettres sur les États-Unis et le Canada*, 1876, p. 20.
[2] Constantin-François Volney, *Œuvres complètes*, volume 7, p. 358.
[3] Gustave de Molinari, *Lettres sur les États-Unis et le Canada*, 1876, p. 37.
[4] *Abrégé de la Démocratie en Amérique*, éd. Institut Coppet, p. 140.
[5] Gustave de Molinari, *Lettres sur les États-Unis et le Canada*, 1876, p. 95.
[6] *Abrégé de la Démocratie en Amérique*, éd. Institut Coppet, p. 141-144 ; Gustave de Molinari, *Lettres sur les États-Unis et le Canada*, 1876, p. 355.
[7] Gustave de Molinari, *Lettres sur les États-Unis et le Canada*, 1876, p. 53.
[8] Constantin-François Volney, *Tableau du climat et du sol des États-Unis d'Amérique*, 1803, p. 475.
[9] *Abrégé de la Démocratie en Amérique*, éd. Institut Coppet, p. 103.

bord d'une route, où à l'évidence il se mourrait, Tocqueville fut choqué par la réaction glaciale des Américains, et racontant l'épisode, il remarqua comment « au milieu de cette société américaine si policée, si sentencieuse, si charitable, il règne un froid égoïsme et une insensibilité complète, lorsqu'il s'agit des indigènes du pays. Les Américains des États-Unis ne font pas chasser les Indiens par leurs chiens comme les Espagnols du Mexique, mais au fond c'est le même sentiment impitoyable qui anime ici comme partout ailleurs la race européenne. »[1]

Au cours de son voyage, Gustave de Molinari étudia également la condition de ceux qu'on appelait les personnes de couleur (*colored people*), c'est-à-dire ceux qui n'étaient pas blancs, et il observa que les noirs fréquentaient des églises distinctes, qu'ils attendaient des secours de brigades distinctes de pompiers, et qu'ils formaient leurs propres milices.[2] Les cimetières même étaient distincts. « J'ai quitté l'intolérance dans l'ancien monde, je la retrouve dans le nouveau », note-t-il.[3] « Dans les prisons même on a soin de ne pas confondre les deux races, témoigne Tocqueville. Et l'on semble croire que forcer un assassin à respirer le même air qu'un nègre c'est encore le dégrader. »[4] Il se peut bien que leur odeur et leur peu d'éducation soit une nuisance dans de nombreux cas, tâcha candidement d'expliquer Molinari à quelques Américains rencontrés sur place, mais leur refuser tout accès aux rassemblements privés et publics est honteux et stupide. Cependant l'argumentation, même dans ces termes, ne passait pas. « Je dois déclarer que ce *speech*, raconte Molinari, dans lequel je m'efforçais de mettre toute mon éloquence, n'obtenait aucun succès, et une aimable dame à laquelle je demandais pourquoi elle ne recevait pas chez elle un clergyman de couleur, d'une éducation distinguée et de mœurs irréprochables, paraissait aussi choquée de ma question que si je lui avais demandé pourquoi elle n'invitait pas à dîner un singe ou un porc. »[5]

En 1876, Molinari trouvait l'Amérique bercée par le mirage de la Loi de Lynch. Dès qu'un crime est commis, explique-t-il, on met la main sur « l'individu que sa physionomie et ses allures désignent aux soupçons »[6], et si l'on a une conviction assez forte, on l'exécute. Telle est la procédure, en particulier, lorsqu'il est question de rapports entre un homme noir et une femme blanche, car c'est l'opinion dominante aux États-Unis que « tout nègre qui porte la main sur une blanche doit absolument être pendu », et cela, précise l'auteur, « sans plus de façon et de remords que s'il s'agissait d'un lapin »[7].

Le rapport entre les races était médiocre, à l'évidence. « Débaucher une fille de couleur nuit à peine à la réputation d'un Américain ; l'épouser le déshonore »[8], observe Tocqueville. Et lorsqu'il s'agissait de tracer une opinion sur la relation future entre les blancs et les noirs en Amérique, le pessimisme l'emportait. « Je ne pense pas que la race blanche et la race noire en viennent nulle part à vivre sur un pied d'égalité » écrivait-il[9].

---

[1] *Abrégé de la Démocratie en Amérique*, éd. Institut Coppet, p. 103.
[2] Gustave de Molinari, *Lettres sur les États-Unis et le Canada*, 1876, p. 190.
[3] Gustave de Molinari, *Lettres sur les États-Unis et le Canada*, 1876, p. 85.
[4] Brouillons ; *Abrégé de la Démocratie en Amérique*, éd. Institut Coppet, p. 112.
[5] Gustave de Molinari, *Lettres sur les États-Unis et le Canada*, 1876, p. 198.
[6] Gustave de Molinari, *Lettres sur les États-Unis et le Canada*, 1876, p. 14.
[7] Gustave de Molinari, *Lettres sur les États-Unis et le Canada*, 1876, p. 230.
[8] *Abrégé de la Démocratie en Amérique*, éd. Institut Coppet, p. 112.
[9] *Abrégé de la Démocratie en Amérique*, éd. Institut Coppet, p. 111.

Pouvait-on au moins dire des États-Unis qu'ils avançaient dans la bonne direction ? D'après la plupart des libéraux français, la chose était très incertaine. Déjà, ce pays qui avait longtemps donné l'exemple du libre-échange intégral, était devenu « un pays protectionniste à outrance ». [1] Le règne de la démocratie sans frein montrait ses limites. Des hommes politiques de carrière se faisaient désormais élire d'une manière grotesque et en ayant recours à des astuces dignes du cirque ou du carnaval. [2] Molinari arguait que la démocratie illimitée n'était sans doute pas le dernier mot de la science politique[3], et Tocqueville défendait des réformes précises, comme l'élection du Président des États-Unis pour un mandat plus long, mais non reconductible. [4] Toutefois vers 1890 la démocratie américaine semblait plus que jamais en danger. « Les deux grands partis existant aux États-Unis commencent à ressembler à deux vastes syndicats, dont les membres ne diffèrent que médiocrement d'opinions, et qui se disputent les avantages matériels que procure la possession de l'organisme réglementaire et coercitif, connu sous le nom d'État » analysait Paul Leroy-Beaulieu. [5]

Benoît Malbranque

---

[1] Gustave de Molinari, *Lettres sur les États-Unis et le Canada*, 1876, p. 75.
[2] *Abrégé de la Démocratie en Amérique*, éd. Institut Coppet, p. 81, 85 ; Gustave de Molinari, *Lettres sur les États-Unis et le Canada*, 1876, p. 359.
[3] Gustave de Molinari, *Lettres sur les États-Unis et le Canada*, 1876, p. 361.
[4] *Abrégé de la Démocratie en Amérique*, éd. Institut Coppet, p. 62.
[5] Paul Leroy-Beaulieu, L'État moderne et ses fonctions, 1890, p. 311.

Correspondance entre Jean-Jacques Rousseau et le marquis de Mirabeau

PARTIE 3 SUR 3

La correspondance échangée entre Jean-Jacques Rousseau et Mirabeau père est une source majeure pour mieux comprendre l'esprit profondément original de ce physiocrate, bras droit de Quesnay. Dans ses immenses lettres, il s'épanche, se raconte, comme il raconte aussi l'histoire et les principes de sa très chère science économique.

Lettre à Jean-Jacques Rousseau, Paris, 18 juillet 1767. J.-J. Rousseau, ses amis et ses ennemis. Correspondance publiée par M. G. Streckeisen-Moultou, 1894, tome II, p. 357. — Réponse de Rousseau, 26 juillet 1767.

Paris, 18 juillet 1767.

Je ne sais, mon digne ami, si l'on n'aura pas dévoyé mes deux lettres ; mais, voyant arriver ma clef sans un mot de billet, j'en ai quelque doute. Quoi qu'il en soit, je me vois obligé de vous faire passer un livre qu'on m'a opiniâtrement laissé pour vous[1]. J'ai eu beau dire que vous ne vouliez point lire, etc., on a persisté, et je suis obligé de m'acquitter. Cela sort de notre école, voilà tout. Garçon, qui vous salue, n'a trouvé nul cahier ni dans sa chambre ni dans la vôtre ; vous aurez tout emporté. Je salue, s'il vous plaît, mademoiselle Levasseur, et vous embrasse de tout mon cœur.

Réponse de Rousseau.

À M. LE MARQUIS DE MIRABEAU.

Trye le 26 Juillet 1767.

J'aurais dû, Monsieur, vous écrire en recevant votre dernier billet : mais j'ai mieux aimé tarder quelques jours encore à réparer ma négligence, et pouvoir vous parler en même temps du livre que vous m'avez envoyé. Dans l'impossibilité de le lire tout entier, j'ai choisi les chapitres où l'auteur casse les vitres, et qui m'ont paru les plus importants. Cette lecture m'a moins satisfait que je ne m'y attendais ; et je sens que les traces de mes vieilles idées, racornies dans mon cerveau, ne permettent plus à des idées si nouvelles d'y faire de fortes impressions. Je n'ai jamais pu bien entendre ce que c'était que cette évidence qui sert de base au despotisme légal, et rien ne m'a paru moins évident que le chapitre qui traite de toutes ces évidences. Ceci ressemble assez au système de

---

[1] *L'Ordre naturel et essentiel des sociétés politiques* (1767), par Mercier de la Rivière.

l'Abbé de St. Pierre, qui prétendait que la raison humaine allait toujours en se perfectionnant, attendu que chaque siècle ajoute ses lumières à celles des siècles précédents. Il ne voyait pas que l'entendement humain n'a toujours qu'une même mesure et très étroite, qu'il perd d'un côté tout autant qu'il gagne de l'autre, et que des préjugés toujours renaissants nous ôtent autant de lumières acquises que la raison cultivée en peut remplacer. Il me semble que l'évidence ne peut jamais être dans les lois naturelles et politiques qu'en les considérant par abstraction. Dans un gouvernement particulier que tant d'éléments divers composent, cette évidence disparaît nécessairement. Car la science du gouvernement n'est qu'une science de combinaisons, d'applications et d'exceptions, selon les temps, les lieux, les circonstances. Jamais le public ne peut voir avec évidence les rapports et le jeu de tout cela. Et, de grâce, qu'arrivera-t-il, que deviendront vos droits sacrés de propriété dans de grands dangers, dans des calamités extraordinaires, quand vos valeurs disponibles ne suffiront plus, et que le *salus populi suprema lex esto* sera prononcé par le despote ?

Mais supposons toute cette théorie des lois naturelles toujours parfaitement évidente, même dans ses applications, et d'une clarté qui se proportionne à tous les yeux ; comment des philosophes qui connaissent le cœur humain, peuvent-ils donner à cette évidence tant d'autorité sur les actions des hommes, comme s'ils ignoraient que chacun se conduit très rarement par ses lumières et très fréquemment par ses passions. On prouve que le plus véritable intérêt du despote est de gouverner légalement ; cela est reconnu de tous les temps : mais qui est-ce qui se conduit sur ses plus vrais intérêts ? Le sage seul, s'il existe. Vous faites donc, Messieurs, de vos despotes autant de sages. Presque tous les hommes connaissent leurs vrais intérêts, et ne les suivent pas mieux pour cela. Le prodigue qui mange ses capitaux sait parfaitement qu'il se ruine, et n'en va pas moins son train ; de quoi sert que la raison nous éclaire quand la passion nous conduit ?

Video meliora proboque,
Deteriora sequor.

Voilà ce que sera votre despote, ambitieux, prodigue, avare, amoureux, vindicatif, jaloux, faible : car c'est ainsi qu'ils sont tous, et que nous faisons tous. Messieurs, permettez-moi de vous le dire ; vous donnez trop de force à vos calculs, et pas assez aux penchants du cœur humain, et au jeu des passions. Votre système est très bon pour les gens de l'utopie, il ne vaut rien pour les enfants d'Adam.

Voici, dans mes vieilles idées, le grand problème en politique, que je compare à celui de la quadrature du cercle en géométrie, et à celui des longitudes en astronomie. *Trouver une forme de gouvernement qui mette la loi au-dessus de l'homme.*

Si cette forme est trouvable, cherchons-la et tâchons de l'établir. Vous prétendez, Messieurs, trouver cette loi dominante dans l'évidence des autres. Vous prouvez trop : car cette évidence a dû être dans tous les gouvernements, ou ne sera jamais dans aucun.

Si malheureusement cette forme n'est pas trouvable, et j'avoue ingénument que je crois qu'elle ne l'est pas, mon avis est qu'il faut passer à l'autre extrémité et mettre tout d'un coup l'homme autant au-dessus de la loi qu'il peut l'être, par conséquent établir le despotisme arbitraire et le plus arbitraire qu'il est possible : je voudrais que le despote pût être Dieu. En un mot, je ne vois point de milieu supportable entre la plus austère démocratie et le Hobbisme le plus parfait : car le conflit des hommes et des lois qui met dans l'État une guerre intestine continuelle, est le pire de tous les états politiques.

Mais les Caligula, les Néron, les Tibère ! .... Mon Dieu.... Je me roule par terre, et je gémis d'être homme.

Je n'ai pas entendu tout ce que vous avez dit des lois dans votre livre, et ce qu'en dit l'auteur nouveau dans je sien. Je trouve qu'il traite un peu légèrement des diverses formes de gouvernement, bien légèrement surtout des suffrages. Ce qu'il a dit des vices du despotisme électif est très vrai : ces vices sont terribles. Ceux du despotisme héréditaire, qu'il n'a pas dits, le sont encore plus.

Voici un second problème qui depuis long-tems m'a roulé dans l'esprit.

Trouver dans le despotisme arbitraire une forme de succession qui ne soit ni élective ni héréditaire, ou plutôt qui soit à la fois l'une et l'autre, et par laquelle on s'assure autant qu'il est possible de n'avoir ni des Tibère ni des Néron.

Si jamais j'ai le malheur de m'occuper derechef de cette folle idée, je vous reprocherai toute ma vie de m'avoir ôté de mon ratelier. J'espère que cela n'arrivera pas ; mais, Monsieur, quoi qu'il arrive, ne me parlez plus de votre *despotisme légal*. Je ne saurais le goûter ni même l'entendre ; et je ne vois là que deux mots contradictoires, qui réunis ne signifient rien pour moi.

Je connais d'autant moins votre principe de population, qu'il me paraît inexplicable en lui-même, contradictoire avec les faits, impossible à concilier avec l'origine des nations. Selon vous, Monsieur, la population multiplicative n'aurait dû commencer que quand elle a cessé réellement. Dans mes vieilles idées sitôt qu'il y a eu pour un sol de ce que vous appeliez richesses ou valeur disponible, sitôt que s'est fait le premier échange, la population multiplicative a dû cesser, c'est aussi ce qui est arrivé.

Votre système économique est admirable. Rien n'est plus profond, plus vrai, mieux vu, plus utile. Il est plein de grandes et sublimes vérités qui transportent. Il s'étend à tout ; le champ est vaste ; mais j'ai peur qu'il n'aboutisse à des pays bien différents de ceux où vous prétendez aller.

J'ai voulu vous marquer mon obéissance en vous montrant que je vous avais du moins parcouru. Maintenant, illustre ami des hommes et le mien, je me prosterne à vos pieds pour vous conjurer d'avoir pitié de mon état et de mes malheurs, de laisser en paix ma mourante tête, de n'y plus réveiller des idées presque éteintes, et qui ne peuvent renaître que pour m'abîmer dans de nouveaux gouffres de maux. Aimez-moi toujours ; mais ne m'envoyez plus de livres ; n'exigez plus que j'en lise ; ne tentez pas même de m'éclairer si je m'égare : il n'est plus temps. On ne se convertit point sincèrement à mon âge. Je puis me tromper, et vous pouvez me convaincre ; mais non pas me persuader. D'ailleurs je ne dispute jamais ; j'aime mieux céder et me taire ; trouvez bon que je m'en tienne à cette résolution. Je vous embrasse de la plus tendre amitié et avec le plus vrai respect.

Lettre à Jean-Jacques Rousseau, Saint-Maur, 30 juillet 1767. J.-J. Rousseau, ses amis et ses ennemis. Correspondance publiée par M. G. Streckeisen-Moultou, 1894, tome II, p. 358. — Lettre republiée dans la controverse sur le commerce des grains.

Saint-Maur, 30 juillet 1767.

Je vous rends grâces, mon cher et digne ami, de l'ouverture de votre cœur et de votre tête. Je n'aime pas à disputer non plus ; l'abondance d'idées m'étouffe alors, l'impatience me grille, l'ardeur m'enroue, et l'on dirait que mes gros yeux veulent aveugler le contendant. Cependant cela m'arrive ; on me le pardonne, ou, pour mieux dire, on sait bien que c'est de ma part une marque d'estime et d'amitié ; mais il ne saurait être question de cela entre nous, et je trouve que la résignation étant l'acte de sagesse et de devoir le plus nécessaire et le plus clair, toute étude qui tend à nous montrer la nécessité des choses dans son vrai jour est l'usage juste de la raison humaine dans son loisir. Voilà dans quel sens j'oserai, malgré vos défenses, suivre avec vous les discussions que vous me présentez. Quoique les principes de ma science ne soient point à moi ; que j'eusse près de quarante ans quand je les ai adoptés, et qu'il me fallût pour cela faire sauter à mon amour-propre la barrière du désaveu de l'ouvrage auquel je dois ma célébrité et mon nom public ; courber le front sous la main crochue de l'homme le plus antipathique à ma chère et natale exubérance, le plus aigre aux disputes, le plus implacable à la résistance, le plus armé de sarcasmes et de dédain (car, ainsi que toutes les âmes droites, le succès depuis l'a bien civilisé) ; quoique je n'aie cru céder qu'à la vénérable et irrésistible évidence au service de laquelle j'ai consacré huit années depuis, autant que ma santé a pu me le permettre, cependant il s'en faut bien que je vienne à vous avec les certitudes du fanatisme et de l'orgueil. Quoique vous me paraissiez nager encore dans l'océan d'incertitudes dont je suis fort aise de m'être sauvé, toutefois, comme je sens que la vérité nécessaire aux hommes doit leur être accordée un jour ou l'autre, si vous me démontrez que ce que j'ai regardé comme une relâche assurée n'est qu'une anse exposée à tous les orages et à l'incertitude des vents, je vous en aurai obligation. Essayons donc petit à petit de vérifier la chose.

Je ne vous ai envoyé le livre de M. de La Rivière que parce que c'était une commission. Il est singulier de dire que cet ouvrage, fait pour intéresser et rapprocher les esprits négligents et effrayés de l'étude des principes, est cependant dans un autre sens trop fort pour vous. Il jette le but du gouvernement trop loin de vos idées libres, et, comme toutes les idées sont en vous des sentiments, il vous faut un tout autre régime. Quant à cet ouvrage, puisque vous l'avez ouvert, je n'ai qu'une chose juste et obligatoire à vous demander : c'est de lire tout l'ouvrage ou d'oublier ce que vous en avez lu.

Vous n'entendez pas notre évidence, et pour cela vous nous soupçonnez d'esprit systématique et de rêver comme le bon abbé de Saint-Pierre ; vous croyez que nous poursuivons la perfectibilité de l'esprit humain et voulons étendre ses limites. Bien loin de là, nous voulons uniquement le ramener au simple, aux premières notions de la nature et de l'instinct. Toutes nos lois se résument à nous conformer aux lois de la nature quant à l'ordonnance de nos travaux, et à l'évidence du droit de propriété quant à la jouissance de leurs fruits.

Cette évidence, dites-vous, disparaît au milieu des combinaisons, des applications et des exceptions des gouvernements particuliers. Nous en convenons et nous démontrons que toute législation humaine n'a été qu'institution d'un désordre légal excitée par l'intérêt particulier et prétextée de l'intérêt public, et que tous les législateurs exposés à la vénération de l'histoire n'ont été que des fripiers politiques qui n'ont jamais su reprendre les choses à leur racine. Cette racine se trouve dans l'ordre naturel ; mais la connaissance de l'ordre naturel n'a pu être réduite en science, afin quelle demeurât et fût ferme contre toutes les fausses sciences produites par l'entendement humain, dérouté pour avoir voulu méconnaître sa nourrice. Elle n'y a pu être réduite qu'au moment de la découverte d'une vérité la plus simple du monde : c'est que tout marche ici-bas par excédant de produit que notre maître a appelé *produit net*.

Oui, monsieur, ce n'est pas à vous, à un homme simple et grand, que je craindrai de dire que la découverte du produit net, due au vénérable Confucius de l'Europe, changera un jour la face de l'univers. Cette vérité était si peu connue, que M. de Vauban, grand, excellent, modeste et laborieux citoyen qui a tant travaillé sur ces matières, établissait de nos jours une recette du fisc égale sur les produits, que la dîme sacerdotale le fut ainsi de tous les temps. Quant à nos ricaneurs politiques qui glanent aujourd'hui sur nous pour nous attaquer avec nos propres armes, qui sont fiers d'avoir tout ambigué, tout indiqué, discuté, réglementé, d'avoir réduit l'art social au bourdonnement, avant-coureur du combat, entre les deux parties d'un essaim qui a deux chefs, ils prétendraient que nos principes étaient connus de leurs apôtres, et, bien entendu, nous conduiraient aux mêmes résultats. C'est pour ces frelons qu'est fait l'essai de nos rayons politiques. Tous leurs travaux sont stériles ; tous leurs réduits souterrains. Les nôtres sont au grand jour, et le miel distributif des subsistances en doit découler à grands flots.

Non seulement notre maître à tous a découvert que du produit total de la culture une portion était restituable à la terre sans en rien retenir, sous peine d'extinction du tout, et que toute la partie de la société qui n'est pas employée à la culture ne subsistait que sur l'excédent du produit de l'année, par-delà le montant de ce que l'année précédente en avait confié à la terre ; mais il n'a pas eu de repos jusqu'à ce qu'il ait pu figurer aux yeux cette grande vérité et la marche de la distribution des subsistances.

C'est ce qu'il a fait dans le *Tableau économique* que vous avez sous les yeux à la tête de mes éléments. Vous y voyez, selon une donnée quelconque, la société divisée en trois parties réelles, réunies par le concours des dépenses et des travaux, pour prendre part à la distribution des subsistances et opérer par leur consommation la reproduction des mêmes subsistances. Vous voyez la classe productive avec ses avances qui, selon la donnée que présente le tableau, rendent cent pour cent d'excédent ou de *produit net*. Ce *produit net*, remis aux mains des propriétaires et s'appelant *revenu*, nourrit par sa distribution tout l'excédent de la société qui n'est point outil de production, et, selon que cette distribution est plus ou moins accélérée, plus ou moins conforme aux règles de l'ordre naturel, elle opère à son terme, qui est la *consommation de tous les produits*, une plus ou moins abondante reproduction.

Tout l'avantage physique et moral des sociétés se résume de la sorte en un point, *un accroissement de produit net* ; tout attentat contre la société se détermine par ce fait, *diminution du produit net*. C'est sur les deux plateaux de cette balance que vous pouvez asseoir et peser les lois, les mœurs, les usages, les vices et les vertus. Tout se calcule par ce tableau. Tout ce qui fait décroître votre cent pour cent détériore la société ; tout ce qui l'augmente ajoute à sa prospérité.

D'après cet aperçu, donnez-vous la peine de lire et de suivre la série de principes établis dans les six premiers chapitres des *Éléments*, de parcourir les conséquences qui en dérivent dans les cinq derniers. Je ne prétends pas assurément qu'ils vous apprennent rien ; mais je me crois en droit de demander, comme une justice, que vous décidiez s'il est vrai qu'ils réduisent et joignent en un seul et même faisceau toutes les questions ci-devant éparpillées et jetées à bâtons rompus dans les têtes par tant et tant de nageurs politiques, ou si l'adhérence des conséquences avec les principes, et de principes en principes à cette racine sociale, le *produit net*, est un rêve systématique de notre imagination ?

Ce pas fait, et en vous supposant instruit et persuadé, vous nous renvoyez à l'aveuglement des passions humaines toujours obéies, quoique contradictoires à l'intérêt visible et notoire. C'est une difficulté simple, et que vous ne devez pas supposer nous avoir échappé. Aussi, si l'on nous accuse d'avoir espéré et prêché comme possible la perfection humaine individuelle et absolue, on nous calomnie. Je ne m'arrêterai point à vous dire que, quoique tout ce qui passe sur le pont Neuf soit agité de bien des passions aveugles, divergentes, toutes ces passions néanmoins concourent au même point, qui est de passer sur le pont, au lieu de se jeter à l'eau ; que si quelqu'un était assez aveugle pour prendre ce dernier parti, fût-il roi ou despote arbitraire, on l'enfermerait aussitôt ; que le v*ideo meliora proboque, deteriora sequor*, est purement un jeu de l'esprit et non un axiome senti. L'homme voit la sagesse comme la mort dans le lointain nécessaire et convenu, *video*, mais l'attrait du moment l'entraîne, et c'est le *meliora* de l'instant déterminant. Tout cela ne serait que discussion métaphysique. Nous avons senti l'inconvénient tout comme vous, et, pour appuyer notre évidence de la force irrésistible de l'opinion, nous avons invoqué, pour base nécessaire de notre législation permanente, l'*instruction* générale et continuelle.

Oui, monsieur, il est aisé de sentir que ce concours général, qui va chercher le pont pour traverser la rivière, n'est dû qu'au jour qui éclaire les objets ; que dans la nuit le plus grand nombre courrait risque de s'égarer, et c'est cette nuit de l'*ignorance* des lois essentielles de l'ordre naturel que nous cherchons à bannir par tous nos travaux. Ce sont les fausses lueurs de la science recherchée et des législations humaines que nous attaquons par tous les côtés, et que nous voulons tenir écartées à jamais par l'instruction continuelle et par un cours de démonstrations aussi simples que le sont celles qui dérivent de la connaissance, de l'usage et de l'application du *Tableau économique*.

Une fois qu'un peuple sera instruit et imbu dès le berceau de la divinité de cette loi sacrée, la *propriété*, de son influence sur la prospérité générale et individuelle de l'humanité, chez ce peuple, dis-je, nous ne craindrons plus que les passions personnelles des dépositaires de l'autorité tutélaire et conservatrice des sociétés attentent aux lois naturelles et fondamentales des sociétés. Nous savons trop que ceux qui paraissent les maîtres des humains sont plus que tous autres esclaves des bienséances d'opinion ; que le plus puissant roi de l'Europe serait mis au lit malgré lui s'il demandait tout à coup la chaussure ou la coiffure de son bisaïeul et voulait sortir avec cet attirail ; que les Caligula, les Tibère et les Néron étaient des enfants de leur époque et des fruits naturels de la couche sur laquelle ils furent semés et réchauffés ; que les plus grands excès des gouvernements arbitraires ne sont ainsi que les moindres, de même aussi que le sac d'une ville prise d'assaut n'est que l'effet d'une association pour partager les fruits de l'injustice.

Vous demandez une *forme de gouvernement qui mette la loi au-dessus de l'homme* ; mais elle y est. L'homme, ainsi que tout le reste de la création, est assujetti et englobé dans les lois essentielles de l'ordre naturel ; il peut les enfreindre quant au petit cercle relatif à la subsistance et à la multiplication de son espèce, mais il ne le peut que sous peine de souffrance et de mort. Il ne s'agit donc que d'un gouvernement qui montre la loi à l'homme et qui la lui fasse observer. Or, après avoir bien cherché, nous n'avons trouvé que l'évidence de l'ordre naturel. Sa démonstration se fera par un cours de principes simples, à la portée de tous, et l'institution conservatrice de ce dépôt sacré sera l'instruction continuelle.

Vous n'entendez point nos lois ; nous n'en avons d'autres que la *propriété* personnelle, mobilière et foncière, d'où dérivent toutes les libertés possibles qui ne nuisent point à la propriété d'autrui. C'est de la connaissance de cette loi générale et applicable à tous les cas quelconques que dérive notre *despotisme légal* qui vous effraye, et qui ne doit pas pourtant vous étonner davantage que le despotisme du calcul, qui depuis qu'il est reçu décide tous les comptes faits et à faire. Toute erreur de ce genre ne pourrait être décidée et finie qu'à coups de bâton. Le chiffre arrive, décide le cas despotiquement et sans appel, car, dites-moi, quelles sont les contre- forces de l'*addition* et de la *soustraction* ? En cet état ce n'est pas la peine de disputer sur l'espèce de la main dépositaire de l'autorité et chargée d'exercer ce despotisme légal. Vous redoutez l'autorité d'un seul comme plus susceptible de dégénérer en arbitraire. Nous croyons le concours de plusieurs plus susceptible d'association d'intérêts particuliers contre le despotisme légal ; mais il est à considérer qu'un seul ne saurait résoudre et exercer son autorité sans le concours de plusieurs ; que plusieurs ne sauraient agir sans choisir et déléguer un seul ; que sitôt que l'ordre naturel et ses lois essentielles seront généralement connues et enseignées, elles seules seront despotes, et le consentement de tous veillera à leur exécution. Tout digne économiste n'attaque aucune des autorités qu'il trouve établies, mais il les soumet toutes à l'ordre naturel, parce que Dieu et la nature l'ont ainsi voulu. J'attends pour reconnaître une puissance humaine législatrice de trouver un souverain, un sénat ou une nation qui puisse changer la saison de semer et de recueillir, alors j'accorderai que de cette pleine puissance découle celle de distribuer les subsistances. Mais, comme il m'est démontré par nos principes qu'il n'est institution sociale quelconque qui n'influe, soit en bien soit en mal, sur la distribution, la consommation et la reproduction des subsistances, je ne puis accorder le droit de législation qu'à la puissance qui ordonne à la sève d'agir ou de surseoir, et je crois qu'il n'appartient aux hommes que d'étudier et de connaître les lois immuables une fois données et prescrites à la nature par cette puissance, de les observer et de les faire observer ; tel est le *nec plus ultra* de toute puissance humaine.

Je n'entends pas bien l'énonciation que vous me faites de vos difficultés sur nos principes de population ; je les crois néanmoins très essentielles à débattre, car si c'est ce que je pense, cette discussion est la clef et le nœud de toute la science économique. J'imagine que vous êtes dans les mêmes idées à cet égard que j'avais lorsque j'ai écrit mon Traité sur cette matière, qui fit tant de bruit alors. J'avais pris mes premières et uniques notions à cet égard dans l'*Essai sur la nature du Commerce* de M. Cantillon, que j'avais depuis seize ans en manuscrit. Cet auteur, beau génie d'ailleurs à bien des égards, élevé dans le commerce, n'avait fait par ses spéculations et ses recherches que perfectionner l'erreur éclose dans le dernier siècle, qui regarde le commerce comme principe de richesse. En conséquence, j'avais, comme lui et tant d'autres, conclu, d'après la visibilité de la chose, que, puisque ma main mise devant mon œil me cache le soleil, ma main est plus grande que le soleil. J'avais, dis-je, raisonné ainsi : Les richesses sont les fruits de la terre à l'usage de l'homme ; le travail de l'homme a seul le don de les multiplier. Ainsi plus il y aura d'hommes, plus il y aura de travail ; plus il y aura de travail, plus il y aura de richesses. La voie de prospérité donc est : 1° De multiplier les hommes ; 2° par ces hommes, le travail productif ; 3° par ce travail, les richesses. En cet état je me trouvais invulnérable, et je papillotais à mon aise la décoration de mon édifice politique, des mariages, des lois somptuaires, que sais-je. Jamais Goliath n'alla au combat avec tant de confiance que j'en eus pour aller chercher un homme qu'on m'apprit avoir emmargé sur mon livre ces audacieuses paroles : *L'enfant a tété de mauvais lait ; la force de son tempérament le redresse souvent dans les résultats, mais il n'entend rien aux principes.* Mon critique ne me marchanda pas, et me dit tout net que j'avais mis la charrue avant les bœufs et que Cantillon, comme instituteur politique, n'était qu'un sot. Ce blasphème me fit regarder celui qui le proférait comme un fou, mais faisant réflexion qu'en toute dispute l'opinion respective marche d'ordinaire par représailles, je me retins, rompis la conversation, et, pour mon bonheur, je revins le soir questionner à tête reposée. Ce fut alors qu'on fendit le crâne à Goliath. Mon homme me pria de faire aux hommes le même honneur qu'on fait à des moutons, puisque qui veut augmenter son troupeau commence par augmenter ses pâturages. Je lui répondis que le mouton était cause seconde dans l'abondance, au lieu que l'homme était cause première dans la création des fruits. Il se mit à rire et me pria de me mieux expliquer et de lui dire si l'homme arrivant sur la terre avait apporté du pain dans sa poche pour vivre jusques au temps où la terre préparée, semée, couverte de moissons mûries, coupées, battues, etc., pût le nourrir. J'étais pris ; il fallait ou supposer que l'homme avait léché dix-huit mois sa patte, comme l'ours l'hiver dans sa lanière, ou avouer que ce créateur des fruits en avait trouvé en arrivant qu'il n'avait point semés. Il me pria alors de vouloir bien faire participer toute la population subséquente au même avantage, parce que également cela ne pouvait être autrement. La présomption une fois déroutée dans un sot cause la confusion et la haine ; dans une âme honnête, elle opère la reconnaissance et la docilité. Ce fut mon cas. Je priai mon maître de s'expliquer et de m'instruire, car j'étais un pauvre jouvenceau de quarante-deux ans, et il n'avait point encore alors fait son *Tableau économique*. Ce fut même un bonheur pour moi, car sentant son utilité et sa nécessité comme la *Genèse* dit que Dieu vit la beauté de ses ouvrages, il m'y aurait renvoyé, et m'aurait rebuté, attendu que ma nature est fort antipathique à l'application mécanique que demandent les calculs. Il fallut donc qu'il m'expliquât son système, ou pour mieux dire celui de la nature, comment les premiers hommes, soit pasteurs, soit chasseurs, etc., avaient vécu des produits spontanés de la nature ; comment la population des nations qui n'ont point cultivé est encore toujours la même sans s'accroître, et leur habitation errante pour ravir les produits successifs ; comment l'industrie de la cultivation a rendu les nations sédentaires ; comment l'accroissement des produits ne peut provenir que de leur qualité de richesse ; leur qualité de richesse que de leur valeur d'échange ; leur valeur d'échange que de la consommation de ces produits ; comment c'est donc la consommation des produits actuels qui est la source des plus grands produits à venir, base nécessaire d'un surcroît de population. En général, il ne faut pas m'en dire beaucoup pour me mettre sur la voie, à plus forte raison quand je vous fais, ici mon histoire je ne prétends pas vous présenter un cours d'instruction que vous avez d'ailleurs sous les yeux appuyé de toutes ses démonstrations. Voilà, monsieur, nos principes de population. De ces vérités radicales, de ce tronc de l'arbre social sortent tous les embranchements que la *Philosophie rurale* ramène à leur tige. S'il nous en échappe quelqu'un, voyez vous-même, non pas avec ce génie sublime qui s'irritant des entraves du désordre légal lui préférerait avec raison l'instinct solitaire des brutes et verrait avec justesse que l'homme législateur n'a jamais abouti qu'à asservir l'homme et empirer l'état de l'humanité, mais avec cette équité douce et modeste de votre âme droite et de vos mœurs qui ne se préfère à personne qu'à l'usurpateur ou violent ou frauduleux ; qui défère à tout, hors à l'insolence ; qui pousse la modération jusqu'à l'extrême ; qui semble n'oser m'appeler son ami que par circonlocution. Et c'est là cet homme qu'on disait farouche et orgueilleux !

Ô mon digne ami, je vous ai dit que je croyais que c'était abuser de vous que d'interroger votre sensibilité ; mais votre cœur est trop riche pour n'en avoir que d'une espèce. Celle que je réclame ici est douce, tranquille, satisfaisante ; elle correspond à l'âme, l'imbibe, en reçoit sa direction et son emploi, ne l'ébranle point et ne lui échappe jamais. S'il est possible que vous rencontriez sous vos pas la voie d'être utile au bonheur général de l'humanité et de vos frères, pensez-vous pouvoir vous en détourner, vous et l'emploi de vos facultés ? Votre tête est mourante, dites-vous, et vous le dites de la voix du cygne, et vos derniers accents sont, comme les premiers, dus à l'acquit de vos devoirs. Vous rappelez votre état et vos malheurs, mais vous étiez arien dans les flots et vous pouvez être arien sauvé du naufrage. La science économique n'attaque rien que les abus physiques et ne veut régner que par le concours de ceux mêmes qui résistent à ses lois ; elle est vouée, autorisée du moins à l'instruction, et ne connaît pas d'autre manière de gouverner les hommes, n'en connaîtra jamais d'autre, respectera toutes les puissances, et n'attaque que ces trames civiles appelées privilèges et contre-poids. Or, dans une telle carrière où sont les risques, où peuvent être les malheurs ? C'en est un, dira-t-on, que de prêcher aux échos et aux sourds ; peut-être, mais la science nous apprend qu'il est une saison pour semer, une autre pour recueillir. En tout, fût-ce l'emploi de la mouche du coche, je ne la trouve ridicule qu'alors qu'elle s'attribue le succès des efforts pour gravir, car jusque-là elle avait fait son devoir et de son mieux. C'est d'après ces raisons et ces sentiments que je ne crains pas d'abuser en vous envoyant les six premiers volumes des *Éphémérides* ; c'est un recueil qui paraît chaque mois et qui discute par les détails nos principes et nos résultats. La lecture de ces petits traités à parties brisées n'est point fatigante. Vous y verrez des bribes de votre ami ; enfin vous nous lirez et nous jugerez.

Je ne vous demande point du travail, c'est de la lecture ; je n'exige pas la conviction, mais l'examen. Osez-vous dire tout de bon ce mot échappé : *On ne se convertit point sincèrement à mon âge* ? Quoi ! à tout âge la vérité n'est point vérité ? Il est bien question de se convertir. Je vous l'ai dit, vous êtes et fûtes de tout temps plus qu'à mi-chemin ; vous avez senti le vide et le faux de toutes les institutions humaines ; vous vous êtes irrité contre ce monceau de prestiges sous l'empire duquel en effet tout est ; toute invention, tout ce qui nous semblait perfection étant viciation ou moyen de viciation. S'il est vrai que d'autres aient trouvé le nœud de la chose, ce n'est pas une âme comme la vôtre qui enviera à Colomb d'avoir découvert le nouveau monde. En cela j'en réponds, et je puis en juger par moi. Au premier instant de mon instruction, je pouvais me retourner et désavouer mon maître, avec d'autant plus de facilité que sa haute visée, dédaigneuse des demi-succès, versait comme le soleil la lumière gratuite sans réclamation ni prétention de droit d'aubaine. Je pouvais revenir d'autant plus imperceptiblement que malgré les désaveux et les rétractations les plus authentiques, le grand nombre ne s'en est pas aperçu, et cite encore mon premier ouvrage comme autorité ; mais je crois toute justice quelconque une modification du grand culte, et c'est refuser l'adoration à la majesté divine et la reconnaissance à l'auteur de tous les biens que de refuser à qui que ce puisse être une partie de ce qui lui est dû. Plus mon maître se cachait sous sa doctrine, plus je m'empressais de le désigner, plus je lui envoyais ceux que la chaleur fraternelle de mes écrits m'avait conciliés. J'ai à cet égard donné le ton à tous les économistes qui l'eussent bien pris sans moi, car pour être économiste véritable il faut être honnête homme ou le devenir. C'est à ce titre que vous l'êtes, mon digne ami, et cela sans vous convertir. Nous n'avons qu'un seul et même but, qui est le bonheur de l'humanité ; il ne s'agit que d'en éclairer la voie. Si je vous disais de la chercher, vous auriez raison de vous refuser à un travail immense et qui ne peut être solitaire ; si je vous disais de juger la nôtre, vous auriez raison de me dire que c'est tout un et que mieux vaut rêver que juger et commenter les rêves d'autrui. Mais il s'agit de nos principes ; vous les avez dans les mains, suivez-les tant que cela vous ira, et quant aux résultats regardez-les comme amusement, et non comme étant faits pour vous rien apprendre. Mais, mon Dieu, pardon, excellent homme, de l'énorme lettre que je vous envoie ; pardon d'un griffonnage horrible auquel ma plume et mon papier se sont également refusés ; aimeriez-vous mieux que je vous envoyasse ma lettre en copie ? Comparez le fond de votre solitude au tiraillement de la vie que je mène, et au lieu d'anathématiser ma prolixité regardez-la comme une suite de l'intérêt que je prends à la matière et à celui avec qui je la traite. Adieu, je vous embrasse de tout mon cœur.

L'auteur des *Éphémérides*, qui par parenthèse est un digne et excellent économiste, a voulu, mon cher, qu'avant de vous faire passer son recueil j'obtempérasse à votre désir de ne pas être assommé de lecture, et que je vous fisse passer seulement ce petit traité qui est extrait d'un des volumes des *Éphémérides*, en vous priant de vouloir bien m'en mander votre avis.

Lettre à Jean-Jacques Rousseau, Paris, 6 août 1767. J.-J. Rousseau, ses amis et ses ennemis. Correspondance publiée par M. G. Streckeisen-Moultou, 1894, tome II, p. 371 — Réponse de Rousseau, 12 août 1767.

Paris, 6 août 1767.

J'ai répondu, et longuement répondu, à votre lettre, mon cher et digne ami et maître, et je vous ai envoyé ma lettre par la voie de vos paquets, attendu qu'à madite missive, déjà beaucoup trop lourde, était jointe la petite brochure du *Droit naturel* de l'abbé. Comptez que c'est un recueil de bonnes gens que le petit nombre d'économistes que nous sommes, comme aussi les vrais amateurs, car quant aux lecteurs, le nombre en augmente tous les jours, mais un des meilleurs c'est sans doute ledit abbé. C'est une âme vive, chaude, sans orgueil ni soupçon de cela, toujours le rire sur le front et la larme près de l'œil, en un mot une très excellente créature, indépendamment de ses talents d'intelligence et d'élucidation qui sont rares.

Maintenant j'ai de sa part une requête à vous présenter : c'est tout nu et tout cru de permettre que votre lettre et ma réponse, que je lui ai communiquées, soient imprimées dans les *Éphémérides*. Voici les raisons de sa requête : 1° Vous ne serez indiqué que sous la lettre initiale M. R., et supposé que vous fussiez reconnu, il assure, et moi aussi, que le style et la forme de votre lettre ne dégénèrent aucunement et sont dignes de vous et de votre réputation ; 2° il dit qu'étant à présent à même de rendre compte de l'ouvrage en question, et votre lettre renfermant toutes les objections principales qu'il a ouï faire contre le livre de *l'Ordre essentiel*, la collection de ces objections ne saurait être mieux faite par aucune autre main quelconque ; 3° que néanmoins elle ne vous engage à rien, puisque dès les premières phrases vous déclarez n'avoir ouvert que les chapitres les plus frappants pour un homme qui a d'ailleurs beaucoup pensé sur ces matières ; 4° que ma réponse à ces objections est telle qu'elle doit être pour éviter à cet égard une multitude de répétitions ; 5° que s'il est vrai, comme nous le croyons, que cet ouvrage doit faire du bien, il importe à ce bien de l'étayer par les détails d'explications dès l'aurore des oppositions. Ce dernier article me fait joindre à lui, mon cher maître, pour la même requête, attendu que ce genre de zèle est mon âme unique aujourd'hui ; le tout néanmoins sans prétendre abuser du droit des gens et de ceux de l'amitié, vous laissant pleinement à cet égard votre libre arbitre, et vous assurant que, telle que soit votre détermination, j'en serai également content.

Donnez-moi en outre des nouvelles de votre santé et de votre goût pour votre séjour, et de ce qui vous touche. Adieu. Je vous embrasse d'un bon et franc cœur.

Réponse de Rousseau, 12 août 1767.

À M. LE MARQUIS DE MIRABEAU.

Trye, le 12 août 1767.

Je suis affligé, monsieur, que vous me mettiez dans le cas d'avoir un refus à vous faire ; mais ce que vous me demandez est contraire à ma plus inébranlable résolution, même à mes engagements, et vous pouvez être assuré que de ma vie une ligne de moi ne sera imprimée de mon aveu. Pour ôter même une fois pour toutes les sujets de tentation, je vous déclare que dès ce moment je renonce pour jamais à toute autre lecture que des livres de plantes, et même à celle des articles de vos lettres qui pourraient réveiller en moi des idées que je veux et dois étouffer. Après cette déclaration, monsieur, si vous revenez à la charge, ne vous offensez pas que ce soit inutilement.

Vous voulez que je vous rende compte de la manière dont je suis ici. Non, mon respectable ami ; je ne déchirerai pas votre noble cœur par un semblable récit. Les traitements que j'éprouve en ce pays de la part de tous les habitants sans exception, et dès l'instant de mon arrivée, sont trop contraires à l'esprit de la nation et aux intentions du grand prince qui m'a donné cet hospice, pour que je les puisse imputer qu'à un esprit de vertige dont je ne veux pas même rechercher la cause. Puissent-ils rester ignorés de toute la terre ! Et puissé-je parvenir moi-même à les regarder comme non avenus !

Je fais des vœux pour l'heureux voyage de ma bonne et belle compatriote que je crois déjà partie. Je suis bien fier que madame la comtesse ait daigné se rappeler un homme qui n'a eu qu'un moment l'honneur de paraître à ses yeux, et dont les abords ne sont pas brillants ; elle aurait trop à faire s'il fallait qu'elle gardât un peu des souvenirs qu'elle laisse à quiconque a eu le bonheur de la voir. Recevez mes plus tendres embrassements.

Lettre à Jean-Jacques Rousseau, Paris, 14 août 1767. J.-J. Rousseau, ses amis et ses ennemis. Correspondance publiée par M. G. Streckeisen-Moultou, 1894, tome II, p. 375. — Réponse de Rousseau, 22 août 1767.

Paris, 14 août 1767.

Là, là, ne grognez plus, révérend père Nabuchodonosor, vous ne serez point imprimé malgré vous ; Apollon vous destine à faire pendant avec le bel Hyacinthe et vous permet en attendant de n'être plus qu'un borgne *gramen*. Ce n'était pas moi quoi vous avais cherché cette querelle, je n'étais que commissionnaire pour l'envoi du livre ; pourquoi écriviez-vous ? Mais ce n'est pas le tout que d'être grognon, il faut encore être poli, et vous deviez mettre dans votre lettre un petit mot de remercîment pour la note de celui qui vous a envoyé son petit livret de *Droit naturel*. Mais supposé qu'il voulût imprimer ma lettre qui ne vous désigne en rien, le défendriez-vous ? Car au fait elle vous appartient. Vous me fâchez et beaucoup, par ce que vous me dites de l'allure de vos alentours. Je ne suis pas soupçonneux et n'imagine pas que quelqu'un sous main voulût vous impatienter pour pouvoir arguer contre vous. Le fait est que dans tout pays misérable les gens de la campagne sont barbares et grossiers, et que toute l'Europe est ce pays-là plus ou moins. Comptez que si j'habite dans les villes c'est que j'ai touché au doigt et à l'œil du sentiment que toutes les campagnes sont peuplées d'ignorance, de malice et d'infatuation. Je ne jurerais pas que mon ami grognon ne finit par mettre en pension chez moi M. Renou et sa gouvernante, sauf à aller herboriser à Meudon quand le Luxembourg et l'aspect des plantes mobiles l'ennuieraient.

Voici ce que me mande votre compatriote dans une lettre du 6 courant, qui m'est arrivée en même temps que la vôtre. « En cherchant le nom de toutes les habitations qui bordent ce tant magnifique lac, on me montra *Meillerie*. Je ne peux vous dire l'impression que la vue de ce lieu-là fit sur moi ; votre idée, celle de Rousseau, celle de Julie, la mienne, tout cela se mêla dans ma tête, je m'attendris, mes yeux s'y fixèrent, je considérais ces rochers devenus si célèbres, et enfin je fis aussi mon roman. Faites le vôtre, mais quand vous écrirez à M. Renou, dites-lui mille choses de ma part et que j'aurais bien désiré de l'avoir auprès de moi dans ce moment ; j'aurais eu la présomption de lui dicter le canevas d'une bonne lettre. »

Adieu, méchant bonhomme, pardonnez à mon coquin de chat la saleté de mon papier ; à ce propos on m'a dit qu'on vous avait ramené votre chien. La comtesse vous remercie bien de votre souvenir et vous fait mille compliments. Faites mention de moi à mademoiselle Levasseur, et je vous embrasse.

Réponse de Rousseau, 22 août 1767.

À M. LE MARQUIS DE MIRABEAU.

Ce 11 août 1767.

Je vous dois bien des remerciements, monsieur, pour votre dernière lettre, et je vous les fais de tout mon cœur. Elle m'a tiré d'une grande peine ; car, vous étant aussi sincèrement attaché que je le suis, je ne pouvais rester un moment tranquille dans la crainte de vous avoir déplu. Grâces à vos bontés, me voilà tranquillisé sur ce point. Vous me trouvez grognon ; passe pour cela : je réponds du moins que vous ne me trouverez jamais ingrat ; mais n'exigez rien de ma déférence et de mon amitié contre la clause que j'ai le plus expressément stipulée ; car je vous confirme, pour la dernière fois, que ce serait inutilement.

J'ai tort de n'avoir rien mis pour M. l'abbé ; mais ce tort n'est qu'extérieur et apparent, je vous jure. Il me semble que les hommes de son ordre doivent deviner l'impression qu'ils font sans qu'on la leur témoigne. La raison même qui m'empêchait de répondre à sa politesse est obligeante pour lui, puisque c'était la crainte d'être entraîné dans des discussions que je me suis interdites, et où j'avais peur de n'être pas le plus fort. Je vous dirai tout franchement que j'ai parcouru chez vous quelques pages de son ouvrage, que vous aviez négligemment laissé sur le bureau de M. Garçon, et que, sentant que je mordais un peu à l'hameçon, je me suis dépêché de fermer le livre avant que j'y fusse tout à fait pris. Or, prêchez et patrocinez tout à votre aise, je vous promets que je ne rouvrirai de mes jours, ni celui-là, ni les vôtres, ni aucun autre de pareil acabit : hors l'Astrée, je ne veux plus que des livres qui m'ennuient, ou qui ne parlent que de mon foin.

Je crains bien que vous n'ayez deviné trop juste sur la source de ce qui se passe ici, et dont vous ne sauriez même avoir l'idée ; mais tout cela n'étant point dans l'ordre naturel des choses ne fournit point de conséquence contre le séjour de la campagne, et ne m'en rebute assurément pas. Ce qu'il faut fuir n'est pas la campagne, mais les maisons des grands et des princes qui ne sont point les maîtres chez eux, et ne savent rien de ce qui s'y fait. Mon malheur est, premièrement, d'habiter dans un château, et non pas sous un toit de chaume, chez autrui, et non pas chez moi, et surtout d'avoir un hôte si élevé, qu'entre lui et moi il faut nécessairement des intermédiaires. Je sens bien qu'il faut me détacher de l'espoir d'un sort tranquille et d'une vie rustique ; mais je ne puis m'empêcher de soupirer en y songeant. Aimez-moi et plaignez-moi. Ah ! pourquoi faut-il que j'aie fait des livres ? J'étais si peu fait pour ce triste métier ! J'ai le cœur serré, je finis et vous embrasse.

Lettre à Jean-Jacques Rousseau, Paris, 28 août 1767. J.-J. Rousseau, ses amis et ses ennemis. Correspondance publiée par M. G. Streckeisen-Moultou, 1894, tome II, p. 574.

Taris, 28 août 1767.

J'ai été incommodé, j'ai été à la campagne, j'ai craint de vous importuner de trop fréquentes lettres. Voilà, cher et digne homme, bien des raisons pour avoir retardé ma réponse, bien par-delà mon désir et mon sentiment. J'ai la confiance et la certitude que votre cœur et votre sentiment se mêlent à tout ce que vous écrivez et faites ; j'ai la conscience que ni l'un ni l'autre ne peuvent rien produire qui me puisse offenser. Rendez-moi la même justice et ne craignez de m'avoir blessé qu'alors que vous l'aurez voulu faire. Si vous ne connaissez pas mon cœur ce n'est pas ma faute ; je vous ai dit tout ce que j'en savais, mais je me flatte qu'il est du petit nombre de ces choses qu'il vaut mieux aller voir que croire. Je ne vous parle plus de vos résolutions sur votre esprit. Je pense avoir mes raisons pour croire que c'est faute d'avoir trouvé de bonne pâture propre à votre âme tendre et droite et à votre esprit vigoureux que vous vous êtes dégoûté en ce genre ; que je suis absolument de votre avis sur le néant, le vague, le déplacement, la torture et l'injustice des sciences humaines ; que tout cela va être mis au clair par la rapide explosion et vogue de la science économique, qui perce enfin dans l'humanité ; qu'en conséquence j'ai raison de gémir de vous voir vous ensevelir volontairement dans l'âge de la force, du jugement, et au moment où les spéculations du moins, supposé que ce ne soit que cela, prennent un tour satisfaisant pour votre bon cœur et votre âme droite ; mais cela dit, j'ai fait ma charge d'ami et je dois la parfaire en ne m'opiniâtrant pas à vous aimer à ma guise et non à la vôtre. Comptez que quand je serai injuste ce sera pour moi le pot au noir. Mais, mon doux ami, votre chien vous lèche quand vous êtes inquiet tout comme quand vous faites bonne mine ; accordez la même licence à votre chien à deux pieds sans le soupçonner de vouloir brusquer votre humeur. Je sais bien que le chaume est plus chaud en hiver et plus frais en été que l'ardoise ni le plomb ; cependant quand vous souhaitez le chaume, quand vous vous trouvez mal chez autrui qui ne vous prête qu'un couvert qu'il ne peut occuper, ne vous vient-il jamais en pensée ce qu'on a tant répété que le vrai bien-être est en nous-mêmes ? Je sais qu'on ne refond pas le caractère, mais autre chose est de le refondre, ou de le contenir, ou de le pousser. Ce qui m'arrache cette trivialité, c'est la continuation de votre anathème sur votre qualité d'auteur. Est-il possible que vous ayez un regret continuel à ce que j'aie chaque jour une parcelle de votre âme dans ma poche, que vous vomissiez de la sorte ce qui m'a fait vous connaître et vous tendre ma faible mais fidèle main, ce qui vous a procuré tant d'autres partisans qui valent mieux ? Non, je ne vous croirai bien avec vous-même que quand je vous verrai susceptible du plus doux des sentiments, de ce nettoiement de l'âme qui la rend propre à réfléchir l'éclat des flammes vivantes qui sortent sans cesse d'un cœur tendre et pur, à éclairer l'esprit, à rallier toutes nos facultés morales, par elles à jeter un regard fraternel et sympathique sur les hommes, à plaindre leurs défectuosités, à aimer leurs vertus, à priser leurs suffrages, à partager leurs afflictions, leur amour-propre et même leur émulation, si souvent gauche et dévoyée, à voir dans tout cela l'ordre de la nature, de cette grande et belle nature que vous adorez et qui vous doua si particulièrement, son ordre, dis-je, interverti par le désordre légal. C'est alors qu'en rentrant en vous-même vous vous trouverez grand de tout ce qui dépasse en vous ce désordre, de tout ce qui lui échappe, et c'est ce résultat qui nous rend simples et jamais présomptueux. Faute de cela, malgré toute réclamation de la nature, on nage dans l'incertitude et dans l'océan de sa propre singularité, et l'on ne prend terre que sur le sable mouvant du consentement à sa manière d'être personnelle, du bonheur aperçu par-delà les barrières de la fortune, de la dépendance et des regrets sur le passé.

Pardon, digne homme, de tant de récidives ; mais il me faut passer aussi, à moi, mes singularités. Au reste quand vous serez las d'intermédiaires, le Bignon est toujours à sa place, c'est un milieu entre le *pauperum tabernas regumque turrest*. Ayez le cœur dilaté. Je finis et vous embrasse.

Lettre à Jean-Jacques Rousseau, Paris, 30 septembre 1767. J.-J. Rousseau, ses amis et ses ennemis. Correspondance publiée par M. G. Streckeisen-Moultou, 1894, tome II, p. 377.

Paris, 30 septembre 1767.

J'étais inquiet de votre silence, mon digne ami, tout en le regrettant. Quand je croirai mon frère heureux, je jouirai comme d'un bien de plus de lui voir ce repos d'esprit qui fait qu'on n'a rien à écrire, mais jusque là je crains que son absence ne soit de l'abattement. J'ai passé à notre Bignon, en revenant de voir mes filles. Tant d'eaux, de prairies et d'arbres, celle multitude de saules et de peupliers d'Italie, l'agreste même du tout, le mouvement de cette basse-cour où j'ai fondé de bons travailleurs pour leur compte, les matériaux d'un pont dont je vais gratifier tout le pays, le désir qu'avaient mes bonnes gens de m'obliger d'une grand'messe, afin de mettre en parade une croix et une robe de bedeau verte et rouge que je leur ai envoyées ; le bon sens de De l'Orme, la confiance de Bouraton, l'épaisse et tranquille droiture et sagesse du bonhomme de curé, la tranquillité du lieu et son agrément, tout cela me faisait regretter que vous n'y fussiez pas assis et tranquille. Au bout, quand vous serez las de patienter, le peu de santé est toujours un bon prétexte, et à tel lieu qu'il vous plaira. Garçon, que vous connaissez, ira vous prendre tous deux en cabriolet, et ne vous quittera qu'il ne vous ait installés, et je vous promets repos et tranquillité ; c'est ce qui a été dit et redit et ce que je répète sans vous vouloir impatienter. Adieu, mon cher et digne homme. Je suis toujours à ma place, et mon cœur et mon âme ne sont pas sujets à dédit.

Lettre à Jean-Jacques Rousseau, Novembre 1767. J.-J. Rousseau, ses amis et ses ennemis. Correspondance publiée par M. G. Streckeisen-Moultou, 1894, tome II, p. 378.

Novembre 1767.

Je crois qu'il est temps que je vous demande de vos nouvelles, car vous laisseriez bien mourir les gens sans croire en avoir un cheveu de moins. Depuis la dernière fois que je vous écrivis, je n'ai pas eu de santé, si ce n'est seize jours que j'ai passés à Fleury, dont l'air m'est singulièrement salutaire. Je n'ai pas plus cessé d'écrire néanmoins que vous d'herboriser, excepté que l'autre jour, sachant qu'on jouait le *Devin du Village*, j'y fus vraiment par enfance et le trouvai d'un tout autre goût encore qu'avant que je connusse son auteur. Je me disais : Est-il possible que je prenne tant de plaisir à entendre ce chien d'homme, et qu'il n'en prenne aucun à mon ramage à moi ? Quoi qu'il en soit, j'avais grand regret à ce que tout le papier que j'ai griffonné en ma vie ne fût pas, au lieu de cela, barbouillé de notes de sa façon, c'est *croches* et *doubles croches* que je veux dire ; et puis je me supposais au Bignon avec vous et les deux dames que j'avais à Fleury. Je dis au Bignon, parce que je n'ai vu que là le peuple vraiment bonnes gens, et que d'ailleurs il me fallait un très petit théâtre pour que nous fussions suffisants à icelui et mettions tout notre avoir et savoir à tenir ces gens-là heureux et exempts de tous maux d'institution humaine, et à faire en sorte qu'ils eussent vraiment des rubans sur leurs habits, comme tous les gens de la campagne devraient en avoir, et qu'ils sussent la musique et qu'ils exécutassent de petits drames champêtres que vous composeriez. Eh dame ! pourquoi y a-t-il des devoirs dans la vie ? On ferait de si jolies choses de son choix, à ce qu'on croit, et l'on se trompe bien si l'on croit cela tout de bon. Tout au début de Colette, qui est si touchant, votre compatriote dit : « Si notre ami n'avait été dans mon pays, il n'aurait pas eu ces deux mots si bons, *serviteur* et *délaissé*. » Quoiqu'il en soit, mon cher homme, je vous prie de me faire savoir de vos nouvelles de temps en temps et de croire que vous avez toujours en corps de réserve un ami qui ne se fait point de fête, mais qui est tout aussi bon qu'il peut l'être et qui vous honore et vous chérit de bon cœur.

Lettre à Jean-Jacques Rousseau, Paris, 21 novembre 1767. J.-J. Rousseau, ses amis et ses ennemis. Correspondance publiée par M. G. Streckeisen-Moultou, 1894, tome II, p. 379.

Paris, 21 novembre 1767.

Précisément hier matin, mon très cher, on m'apporta le beau présent que vous me faites de votre *Dictionnaire*[1], et je disais le soir à votre compatriote : *Ce diable d'homme, je l'aime plus que je ne voudrais ; vous ne sauriez croire la sorte de joie tendre que cela m'a fait de voir ces deux grands J à la tête de son nom sur le frontispice de ce livre.* Comme je disais cela, l'on m'apporta votre lettre[2], dont l'écriture et le petit cachet me firent le même effet. Je ne veux ni ne dois croire qu'il y ait du compliment dans ce que vous me dites que mes

---

[1] Le *Dictionnaire de musique*, qui venait de paraître. (Note de M. G. Streckeisen-Moultou)
[2] Lettre inconnue. (Note de M. G. Streckeisen-Moultou)

lettres vous font plaisir ; en conséquence, je me livre à mon attrait, et je vous écris avant même d'avoir lu la préface de votre ouvrage ; au bout du compte, ce sera dans une autre lettre que je vous en parlerai. Vous ne comprendriez pas comment ma plume est plus près que votre livre si je ne vous le disais, c'est que je continue à être incommodé, je tousse, étouffe et crache toutes les nuits, mais j'ai trouvé le secret de m'arranger avec mon ennemi. Ces nuits là étaient autrefois fort redoutables à mon impatience, maintenant je prends ma lampe, une table de nuit, et j'écris et je fais mes lettres, et ma besogne avance, et je ne fais plus ensuite que me promener le matin avec mon digne frère, qui m'est arrivé après une absence de près de sept ans, et l'après-midi que muser. Je vous félicite d'avoir servi votre ami[1], je vous plains de l'avoir vu malade. Qu'il se souvienne que les drogues médicinales, qui ne sont jamais bonnes à rien, sont détestables dans tous les cas pour tout homme dont le tempérament s'est déterminé vers la goutte ; ce souvenir est de la plus grande conséquence.

Vous me dites à moi de ne pas travailler ; si vous voyiez ce que je fais vous ne diriez pas cela. Du moins ma conscience, qui est fort de vos amies, me dit tout le contraire, et souvent le soir, quand je me trouve pressé d'accablement que je cache, et qu'un peu de vapeurs sans doute, qui se mêlent toujours à ces états-là, me font croire mon absolue décadence prochaine, le résultat de ce sentiment est : *Et tu perds du temps*. Ce n'est pas que je sois assez fat pour ne pas voir en moi la mouche du coche, mais que pouvons-nous que ce que nous pouvons ? La Providence qui nous a placés sait mieux que nous la case qui nous était propre. Elle a voué les végétaux à tenir à des racines, les animaux à errer au gré et au choix de leur instinct, les hommes à faire effort par adhérence et à ne pouvoir trouver le bonheur de l'individu que dans celui de l'espèce, c'est la grande loi de l'ordre naturel qui m'est visible et démontrée. Eh bien, je pousse de toute ma force pour faire reculer le mur, et je crois agir et opérer d'autant plus que plus il me résiste, bien plus heureux en cela que tant et tant d'autres qui cherchent dans le vide immense le repos de leur conscience et leur bonheur. Mais voulez-vous que je me corrige ? Je ne sache que vous qui le puissiez faire. Sur douze lettres trop grandes, dont six font le tableau de la *dépravation de l'ordre légal*, et six de la *restauration*, il ne m'en reste plus que trois à faire : cela fini, si vous voulez que nous fassions un opéra ensemble, je laisse à mon buste le frontispice *solonique* dont on l'a affublé, et je ferai, à la provençale, des chansons. Tel que vous me voyez, j'ai fait jadis plus de vers que je ne suis gros. J'avais l'imagination trop exaltée, et vous n'auriez pas aimé ceci :

Mais tandis que je vous atteste,
Cruel, redoublant mon malheur,
Je prononce ce nom funeste,
Et vous le gravez dans mon cœur.
Barbare, chaque instant redouble
La douleur, la honte et le trouble
Où vous prétendez m'égarer,
Et vos flèches étincelantes
M'arrachent des larmes brûlantes
Qu'en vain je voudrais dévorer.

---

[1] M. du Peyrou, qui avait été voir Rousseau à Trye, et qui y avait été retenu par une violente attaque de goutte. (Note de M. G. Streckeisen-Moultou)

Mais, ma foi, *les choses ont bien changé depuis*, comme disait M. de P... la première nuit de ses noces après que sa laide femme eut profité du répit accordé pour dénouer les rubans ponceau de son corset, de peur qu'ils ne fussent froissés. Mais enfin, ce qui mieux vaudrait, je vous donnerai simplement le canevas, car les vers vous viendront bien dans vos promenades si la musique y vient. Si jamais vous avez entrepris de lire *Tircis et Zélie*, certainement vous avez jeté contre le mur ce tas de bergers maniérés ; toutefois, le lisant à Fleury, votre compatriote me donna l'idée de cinq actes qui seraient piquants de tableaux et d'événements, et moi j'y trouvais une chanson que j'aime ; la voici :

Je ne suis né ni roi ni prince,
Je n'ai ni ville ni province,
Ni presque rien de ce qu'ils ont ;
Mais je suis plus heureux peut-être :
Je ne suis rien de ce qu'ils sont,
Mais je suis ce qu'ils voudraient être.

Vous sciez très étonné quand au premier coup d'œil, en ouvrant ma lettre, vous verrez tant de vers. Eh bien, si vous voulez, nous ferons le radotage des vieillards. Le cygne chante encore mieux à sa fin, et vous n'en êtes pas là, et mes amis et ma famille vous auront l'obligation de m'avoir arraché à la politique, à qui ils en veulent bien ; voyez, il ne tient qu'à vous. Vous savez sans doute que madame de Chenonceaux a perdu son mari ; le monde sec appelle cela un bonheur, et à la longue il a raison, mais cela rouvre les plaies. Je l'ai vue deux ou trois fois chez une dame de mes amies et elle a daigné s'arrêter sur l'étiquette de votre ami. Quand vous lui écrirez, dites-lui, je vous prie, que je ne suis pas indigne d'être des siens, du moins si l'intérêt pour ses malheurs et la vénération pour ses vertus peuvent faire un titre. Adieu, mon cher ami, écrivez-moi quelquefois et sans vous incommoder. Je vous aime, honore et embrasse de tout mon cœur.

Lettre à Jean-Jacques Rousseau, Paris, 9 décembre 1767. J.-J. Rousseau, ses amis et ses ennemis. Correspondance publiée par M. G. Streckeisen-Moultou, 1894, tome II, p. 382. — Réponse de Rousseau, 12 décembre 1767.

Paris, 9 décembre 1767.

Je vous demande pardon de la récidive, mon digne ami, mais j'aurais un vrai besoin d'obtenir de votre amitié ce que j'en attends, et j'en mesure l'espérance sur mon désir et sur votre bon cœur. Les critiques vont, dit-on, pleuvoir sur *l'Ordre essentiel et naturel*, et sur le plan que cet ouvrage renferme. J'en sais une de l'abbé Morellet, homme venu peut-être depuis vous, car je ne sais pas trop la date de ces despotes de canton, redoutables tant qu'ils menacent. Celui-ci, qui a quatre mille livres de pension pour faire un dictionnaire de commerce, ce qui me paraît un titre comme celui de *Barbier de l'Infante*, s'est tenu en panne jusqu'à présent *verba et voces, prætereaque nihil* ; mais ce qui est plus étonnant, c'est qu'il va paraître une critique par l'abbé de Mably, homme de mœurs el de réputation, qu'un très mauvais livre de politique[1], soutenu d'un ton frondeur, a décoré d'un vernis de disgrâce. Des observations sur les Grecs lui donnèrent occasion de *papoter* gouvernement. Dans un ouvrage intitulé *Phocion*, il moralisa tout à son aise et fit de la prose vertueuse, dont le succès à Genève avisa la duchesse d'Enville, qui y était venue voir Tronchin, d'estimer et d'appuyer l'auteur, à qui elle procura une pension sur un bénéfice ; depuis il a disserté sur notre antique constitution, savamment pour les ignorants, et faiblement pour les savants. Cet homme tout entier et tout lesté, mais plein d'humeur, est tellement attaché aux passions qu'il n'a pu souffrir un système qui fait cesser la petite et défavorable guerre que leur fait la morale depuis longtemps, et dont le plan tout physique les comprime les unes par les autres. Il fait plus, il voit avec tant de complaisance ses premiers doutes à cet égard qu'il prend sa répugnance pour un plan raisonné et qu'à son âge, n'ayant rien à désirer, rien à gagner et tout à perdre, il vient se compromettre contre une secte qui fait légion, qui est endoctrinée par des têtes routées, qui se recrute de jeunes gens que j'ai bien de la peine à contenir, qui gagne les provinces et les pays étrangers avec succès, tant dans le droit que dans le fait, et dont l'objet au pis aller est de prêcher la fraternité, l'unité d'intérêts, l'union et l'indépendance. Dans ces circonstances, et poussé de toutes parts par une manière de sédition de gens qui à la fin s'avisent, qui font semblant de nous attribuer la cherté des blés, etc., j'aurais grand besoin que vous permissiez qu'une certaine lettre à vous adressée cet été parût, en y ôtant tout ce qui pourrait donner à connaître celui à qui elle est écrite. Je ne suis pas routé demandeur, je ne sais dire que mon besoin, mais vous me feriez le plus sensible plaisir. Je vous prie donc de me l'accorder, ou seulement, si vous tenez à des paroles à cet égard, de ne me pas répondre à cet article. Adieu, mon cher ami, je vous embrasse de bon cœur.

Réponse de Rousseau, 12 décembre 1767.

À M. LE MARQUIS DE MIRABEAU.

Ce 12 décembre 1767.

Je consens de tout mon cœur, mon illustre ami, que vous fassiez imprimer, avec les précautions dont vous parlez, la lettre que vous m'avez fait l'honneur de m'écrire, et je vous remercie de l'honnêteté avec laquelle vous voulez bien me demander mon consentement pour cela.

Vous voilà donc embarqué tout de bon dans les guerres littéraires : que j'en suis affligé, et que je vous plains ! Sans prendre la liberté de vous dire là-dessus rien de mon chef, j'oserai vous transcrire ici deux vers du Tasse, que je me rappelle, et auxquels je n'ajouterai rien :

Giunta è tua gloria al sommo, e per innanzi
Fuggir le dubbie guerre a te conviene.

Je vous honore et vous embrasse, monsieur, de tout mon cœur.

---

[1] *Droit public de l'Europe, fondé sur les traités* (1748).

Lettre à Jean-Jacques Rousseau, Paris, 20 décembre 1767. J.-J. Rousseau, ses amis et ses ennemis. Correspondance publiée par M. G. Streckeisen-Moultou, 1894, tome II, p. 384. — Réponse de Rousseau, 13 janvier 1768.

Paris, 20 décembre 1767.

Je vous remercie bien tendrement, mon digne ami, de la permission que vous me donnez, je n'en abuserai pas. Pour vous prouver comment je suis capable de tomber dans des pièges contentieux, je fais transcrire au bas de cette lettre un article de lettre écrite à mon ancien ami Quesnay où je lui peins une scène économique en ce genre ; mon cœur me dit qu'elle sera du goût du vôtre. Je vois tous nos antagonistes errants *per l'ombra mistra d'un incerta Iuce*, et je ne les veux voir que comme cela. Si vous lisiez nos *Éphémérides*, qui s'étendent tous les jours, vous verriez que cet esprit y prédomine ; quand quelque morceau ou quelque ouvrage à part s'en écarte, j'en punis l'auteur en ne lui en parlant jamais. C'est tout ce que je puis, car au fond il est bien difficile de rassembler des abeilles sans aiguillon.

Votre compatriote me tient encore votre dictionnaire[1], qu'elle lit ligne à ligne ; elle vous trouve souvent, et c'est ce qui fait que je ne vous ai pas. On vous a sans doute parlé de l'opéra nouveau, mais ce ne sont pas des rustres comme moi. Il y a des morceaux d'art d'après nature qui nous manquaient, comme des duos de passions absolument contradictoires, des chœurs antiphoniers opposés de culte et de sexe, quelques morceaux de sentiment, du récitatif ou français ou ridicule ; des airs dansants de cimetière, et tant et tant de musique de commande à faire bâiller l'automate de Vaucanson. Nature, Nature, tu n'as fait qu'un *Devin du Village*, il était toi, et tu n'es ni française ni italienne, c'est-à-dire ni enflée ni grimacière, et ton pauvre ami s'y est mépris parce qu'il a voulu une nation et que toi tu fais de chaque cire une nation particulière propre à l'amalgame et détruite par l'imitation. Adieu, mon cher et digne ami ; nous causerons quand vous voudrez, mais je vous aimerai toujours.

Je fis mardi passé un coup de ma tête que je vais raconter à mon ami. Il faut vous dire que ce n'est que de cette année que les partisans de la science économique ont pris forme de société. Ce fut à la fin de l'an passé que les entrepreneurs du *Journal d'Agriculture* le retirèrent à Dupont, notre petit élève. Je me revirai à l'abbé Baudeau, auteur des *Éphémérides*, qu'il donnait alors en feuilles volantes et papotait de son mieux. Celui-ci, que j'appelle le *saut* de la science, parce qu'à peine averti il se revira, entendit à fond le tableau et devint un des plus forts ; celui-ci, dis-je, consentit à mettre son journal dans la forme actuelle. De ma part, je fondai chez moi un dîner et une assemblée tous les mardis. J'y reçus tous les étrangers qui viennent voir le bâton flottant sur l'onde, les magnats qui me viennent voir, et surtout la jeunesse. C'est de ces assemblées, qui ont été fructueuses à l'excès, que nous est venu le nom d'*Économistes*. C'est là qu'un ambassadeur de Russie est venu prendre La Rivière, auteur du livre de *l'Ordre essentiel*, qui est maintenant à Pétersbourg avec des adjoints que nous lui avons donnés pour y planter la législation économique. C'est enfin là que s'est donné un certain ensemble, que j'ai trouvé un sujet pour professer à une école ouverte ici et dont il en sortira d'autres. Lundi passé, je trouvai à une assemblée chez de mes parents, Forbonnais, le chef de

---

[1] Le *Dictionnaire de musique*.

nos antagonistes, qui a forgé longtemps, obscurément et insidieusement, un ouvrage sous le titre d'*Observations économiques*, dont l'objet est de fronder le *Tableau économique* et de ridiculiser les fondateurs et les adeptes. Aigri primitivement par la chute de la vieille cuisine, dont il était le coryphée depuis son livre des *Éléments du Commerce*, par esprit d'état, étant fils de commerçant, par sa chute, ayant été à son dam employé, sous Silhouette, dans les finances, par son orgueil, qui est son seul vice mais bien fort, il s'est empoisonné encore du représenter de ses propres traits. Je farcis en anonyme le *Journal d'agriculture* abandonné de sarcasmes et souvent d'injures, et redressé de main de maître par l'abbé Baudeau dans toutes ses assertions ; il était mal à son aise dans sa propre peau et dans celle d'autrui. Dès que Forbonnais me vit, il se rencoigna et demeura seul. Je n'aime pas mes ennemis, et je tue tout de suite tout ce qui ressemble à cela le moins du monde. Faisant d'ailleurs réflexion que j'étais en force, le sentiment du droit des gens aida à mon goût meurtrier ; je fus droit à mon homme, et nous voilà à causer de l'opéra nouveau. Lui, tout aise d'avoir aux yeux de l'assemblée l'air de si bon accord avec moi, il disserte avec beaucoup d'esprit. Après lui en avoir donné le plaisir, je lui dis en me levant : *Voudriez-vous faire une chose qui nous ferait honneur à tous deux ? C'est de venir demain, sous la sauvegarde de votre ami, dîner avec vos ennemis économiques, qui sont de fort honnêtes gens et fort gaillards.* Il me dit qu'il était bien fâché, mais qu'il avait ce jour-là un travail avec un intendant. Point, c'est que le lendemain il arrive au milieu de l'assemblée, aussi ahurie que si elle avait vu tomber M. Colbert. Les uns se crêtent, d'autres murmurent. Mon frère me mande, car à cette heure-là je suis chez ma mère. J'entre, et l'embrassant, je prends aussitôt par la main l'abbé Bandeau, qui est la meilleure créature du monde, et leur dis en riant que j'ai voulu voir, comme Cicéron, si deux augures pouvaient se regarder sans rire. Forbonnais, qui a bien de l'esprit, répond qu'il n'est point augure, mais que monsieur en porte la robe. Chacun rit, et ma foi les bons avaient la larme à l'œil. Je montre à Forbonnais ma bibliothèque. On va à table ; je fais en sorte qu'il soit auprès de madame de Pailly, de M. d'Arnstein, votre compatriote, bonne et sage tête, et des gens de marque, en un mol toujours plus décents que les autres. Je garde à mon bout le petit peuple, murmurant. On parla d'administration et non de principes, en un mot on se mit à son aise sans lui faire les honneurs, de manière qu'il demeura jusqu'à huit heures, et que le bon abbé, toujours discutant, jamais disputant, me disait de temps en temps : « *Ce qui me fâche, c'est qu'il y a en ce moment sous presse un morceau où je l'écrase en citant dans ses propres écrits la preuve d'un fait qu'il me nie et sur lequel il me fait un défi. — Abbé, disais-je, on lui redorera la pilule.* » Voilà, mon ami, comme j'aime la dispute, et voici un beaucoup trop long conte pour celui qui l'écrit et celui qui le lira.

Réponse de Rousseau, 13 janvier 1768.

À M. LE MARQUIS DE MIRABEAU.

13 janvier 1768. [1]

J'ai, mon illustre ami, pour vous écrire, laissé passer le temps des sots compliments dictés non par le cœur, mais par le jour et par l'heure, et qui partent à leur moment comme la détente d'une horloge. Mes sentiments pour vous sont trop vrais pour avoir besoin d'être dits, et vous les méritez trop bien pour manquer de les connaître. Je vous

---

[1] Rousseau data par erreur cette lettre du *23* janvier 1768.

plains du fond de mon cœur des tracas où vous êtes ; car, quoi que vous en disiez, je vous vois embarqué, sinon dans des querelles littéraires, au moins dans des querelles économiques et politiques ; ce qui serait peut-être encore pis, s'il était possible. Je suis prêt à tomber en défaillance au seul souvenir de tout cela ; permettez que je n'en parle plus, que je n'y pense plus que par le tendre intérêt que je prends à votre repos, à votre gloire. Je puis bien tenir les mains élevées pendant le combat, mais non pas me résoudre à le regarder.

Parlons de chansons, cela vaudra mieux : serait-il possible que vous songeassiez tout de bon à faire un opéra ? Oh ! que vous seriez aimable, et que j'aimerais bien mieux vous voir chanter à l'Opéra que crier dans le désert ! Non qu'on ne vous écoute et qu'on ne vous lise, mais on ne vous suit ni ne veut vous entendre. Ma foi, monsieur, faisons comme les nourrices, qui, quand les enfants grondent, leur chantent et les font danser. Votre seule proposition m'a déjà mis, moi vieux radoteur, parmi ces enfants-là ; et il s'en faut peu que ma muse chenue ne soit prête à se ranimer aux accents de la vôtre, ou même à la seule annonce de ces accents. Je ne vous en dirai pas aujourd'hui davantage, car votre proposition m'a tout l'air de n'être qu'une vaine amorce, pour voir si le vieux fou mordrait encore à l'hameçon. À présent que vous en avez à peu près le plaisir, dites-moi rondement ce qui en est ; et je vous dirai franchement, moi, ce que j'en pense, et ce que je crois y pouvoir faire : après cela, si le cœur vous en dit, nous en pourrons causer avec mon aimable payse, qui nous donnera sur tout cela de très bons conseils. Adieu, mon illustre ami ; je vous embrasse avec respect, mais de tout mon cœur.

Lettre à Jean-Jacques Rousseau, Paris, 20 janvier 1768. J.-J. Rousseau, ses amis et ses ennemis. Correspondance publiée par M. G. Streckeisen-Moultou, 1894, tome II, p. 587. — Réponse de Rousseau, 28 janvier 1768.

Paris, 20 janvier 1768.

Votre calendrier est un peu dérangé, mon digne ami, car il y a trois jours que j'ai dans ma poche votre lettre datée du 23. Or, trois jours c'est beaucoup pour un homme qui a la plume à la main trois heures de chaque matinée, et qui n'aime rien tant que de parler avec vous. Au reste, chacun a sa guise ; vous parlez aux plantes, moi aux humains, et de tous les humains le plus humain c'est vous ; d'où suit qu'il est tout simple que vous répondiez tard et moi tôt. Laissons là, comme vous dites, les querelles économiques et politiques. Nous avons tous deux raison. Les Économistes querelleront et seront querellés, je le crois, et cela ne peut être autrement ; la plume démange à toute cette jeunesse, et les hommes prendront toujours une malice pour un bon mot. Mais moi je ne querellerai pas, je vous jure, et j'ignorerai ceux qui me querelleront ; tenez-le pour certain.

Ce dont il est cas vraiment, c'est que j'aie trouvé enfin le chemin de votre âme, et qu'elle se remette, par quel motif que ce puisse être, sur ses deux pattes de derrière. Si vous saviez comme votre payse, qui craint toujours de me voir évaporer en fumée à force de travail et d'exaltation, a saisi l'idée de notre complot de chansons ! *Tircis et Zélie* est trop en grand, ce serait vous tuer. Le *Temple de Guide*, on ne veut plus d'êtres idéaux, et ces sortes de machines ne sont pas dignes de vous ; mais cherchons dans La Fontaine. Le *Devin du Village* n'est pris nulle part ; c'est une idée de rien, c'est le sentiment de tout. *Rose et Colas*, petit poème si parfait, est une intrigue commune de chaque village... Voilà le résultat du premier conseil. Le mien intérieur m'a dit : À quoi puis-je être bon dans tout cela ? *Mes vers sont durs d'accord, mais forts de choses*, et fussent-ils bons, doux, mollets, lyriques enfin, ce n'est point ce qu'il faut à l'organe du sentiment. C'est tout ce qui fait son mérite, et c'est le vrai mérite de tout. Je vois fort bien que le public est tout comme moi et ne prend, ou du moins ne tient qu'à cela. Or donc, il faut que mon ami fasse ses paroles et sa mélodie, et tout au plus je lui servirai à lui dire rustiquement, et sans conséquence ni présomption, l'avis de mon agreste oreille, qui eût reculé, si j'eusse été de son conseil, à l'emploi de ce joli air : *Un peu coquet te rend...*, et puis peut-être à lui faire entretailler de l'harmonie par quelque fripier de musique. Voyez, mon très cher, développez votre idée ; vous êtes maître en tout, mais surtout en ceci. Je ferai ce que vous voudrez, et cela ne me donnât-il que l'espoir de nous rejoindre un jour, ne fût-ce que pour nous concorder.

On dit ici que vous repartez pour l'Angleterre ; qu'on montre une lettre de vous à M. Davenport qui en témoigne le désir. Que dit mademoiselle Levasseur à cela ? Quant à moi, je veux tout ce que vous voulez, et que vous m'aimiez, parce que cela est juste, et qu'aimer est vivre et qu'il n'y a que cela qui le soit. Adieu, je vous honore et embrasse de tout mon cœur.

Réponse de Rousseau, 28 janvier 1768.

À M. LE MARQUIS DE MIRABEAU.

Trye, le 28 janvier 1768.

Je me souviens, mon illustre ami, que le jour où je renonçai aux petites vanités du monde, et en même temps à ses avantages, je me dis entre autres, en me défaisant de ma montre : Grâce au ciel ! je n'aurai plus besoin de savoir l'heure qu'il est. J'aurais pu me dire la même chose sur le quantième, en me défaisant de mon almanach ; mais, quoique je n'y tienne plus par les affaires, j'y tiens encore par l'amitié ; cela rend mes correspondances plus douces et moins fréquentes : c'est pourquoi je suis sujet à me tromper dans mes dates de semaine, et même quelquefois de mois ; car, quoique avec l'almanach je sache bien trouver le quantième dans la semaine, sachant le jour, quand il s'agit de trouver aussi la semaine, je suis totalement en défaut. J'y devrais pourtant être moins avec vous qu'avec tout autre, puisque je n'écris à personne plus souvent et plus volontiers qu'à vous.

Conclusion : nous ne ferons d'opéra ni l'un ni l'autre ; c'est de quoi j'étais d'avance à peu près sûr. J'avoue pourtant que, dans ma situation présente, quelque distraction attachante et agréable me serait nécessaire. J'aurais besoin, sinon de faire de la musique, au moins d'en entendre, et cela me ferait même beaucoup plus de bien. Je suis attaché plus que jamais à la solitude ; mais il y a tant d'entours déplaisants à la mienne, et tant de tristes souvenirs m'y poursuivent, malgré moi, qu'il m'en faudrait une autre encore plus entière, mais où des objets agréables pussent effacer l'impression de ceux qui m'occupent, et faire diversion au sentiment de mes malheurs Des spectacles où je pusse être seul dans un coin et pleurer à mon aise, de la musique qui pût ranimer un peu mon cœur affaissé ; voilà ce qu'il me faudrait pour effacer toutes les idées antérieures, et me ramener uniquement à mes plantes, qui m'ont quitté pour trop longtemps cet hiver. Je n'aurai rien de tout cela, car en toutes choses les consolations les plus simples me sont refusées ; mais il me faut un peu de travail sur moi-même pour y suppléer de mon propre fonds.

On dit à Paris que je retourne en Angleterre. Je n'en suis pas surpris ; car le public me connait si bien, qu'il me fait toujours faire exactement le contraire des choses que je fais en effet. M. Davenport m'a écrit des lettres très honnêtes et très empressées pour me rappeler chez lui. Je n'ai pas cru devoir répondre brutalement à ses avances, mais je n'ai jamais marqué l'intention d'y retourner. Honoré des bienfaits du souverain, et des bontés de beaucoup de gens de mérite dans ce pays-là, j'y suis attaché par reconnaissance, et je ne doute pas qu'avec un peu de choix dans mes liaisons je n'y pusse vivre agréablement ; mais l'air du pays qui m'en a chassé n'a pas changé depuis ma retraite, et ne me permet pas de songer au retour. Celui de France est celui de tous les airs du monde qui convient le mieux à mon corps et à mon cœur ; et tant qu'on me permettra d'y vivre en liberté, je ne choisirai point d'autre asile pour y finir mes jours.

On me presse pour la poste, et je suis forcé de finir brusquement, en vous saluant avec respect et vous embrassant de tout mon cœur.

Lettre à Jean-Jacques Rousseau, Paris, 3 février 1768. J.-J. Rousseau, ses amis et ses ennemis. Correspondance publiée par M. G. Streckeisen-Moultou, 1894, tome II. — Avec ajout du 4 février. — Réponse de Rousseau, 9 mars 1768.

Paris, 3 février 1768.

Oh ! je vous assure, mon digne ami, que ce ne sera pas moi qui vous reprocherai les erreurs de date ; mon almanach ne sort jamais de ma poche, ma montre retarde toujours. Tout mon petit désordre environnant, la saleté de mes plumes, le chiffonnage de mon papier, la poudre de mes livres, etc., me déplaisaient autant qu'à tout autre. Je trouvais bien un jour dans l'année pour tout mettre en un bel ordre, mais jamais une minute dans le jour ; je m'en consolai enfin, parce que menant un homme de beaucoup d'esprit chez un de mes amis, homme de mérite et d'un esprit très adroit, très réglé, très vif, mais avec tout cela très étroit dans sa sphère ingénieuse, un bon académicien enfin ; cet homme me dit en sortant : *J'aurais parié que les plumes, l'encre et le papier étaient plus rangés et plus propres dans son cabinet que chez le marchand.* Ce qu'on appelle la *présence d'esprit*, qui est tout autre chose et qui m'a toujours paru un don favori du ciel, m'a beaucoup plus coûté au renoncement, d'autant qu'ayant embrassé beaucoup d'affaires, de devoirs et de besogne, je me trouvais en avoir plus de besoin qu'un autre. Mais il a fallu en faire son deuil, comme de la force du comte de Saxe et des grâces d'Adonis, et se laisser persécuter par la prévoyance de l'oubli et par les précautions ingénieuses qu'elle a inventées, telles que les tablettes où l'on n'écrit rien, ou bien ce qui y est écrit y est en poche fixe, comme les nœuds au mouchoir qui vous dénoncent que vous êtes un sot, les billets dans la tabatière dont l'enseigne est effacée par le tabac ; puis par le sentiment de l'oubli qui vous tiraille, vous distrait et vous hébète en présence, enfin par la fatale et claire réminiscence du moment où l'occasion est passée. Jugez, mon cher, si avec cela on est tenté de reprocher aux autres leurs inadvertances, et pardonnez ce long détail à l'idée de vous faire sentir un moment le bien-être de la *désinvolture* dans laquelle vous vivez.

Tant pis si nous ne faisons d'opéra ni l'un ni l'autre, car nous valons bien, je crois, de fait et de volonté, ceux qui en font de très jolis et de très agréables. Je ne connais rien de si délicieux que ces petits drames de *Rose et Colas*, *la Clochette*, etc. On fait aujourd'hui grand bruit de celui des *Moissonneurs* ; je le crois fort bon, et le crus tel du premier jour, attendu qu'il avait manqué. Les gens du bon air le trouvaient trop plein de moralités et de sarcasmes contre la richesse ; le sujet d'ailleurs est *Booz et Ruth*. Thompson, dans ses *Saisons*, on avait fait l'épisode de Palémon, Favart en a fait *les Moissonneurs*. Votre payse me dit sur-le-champ : *Vous verrez que le parterre applaudira et que les bonnes gens pleureront*. Ainsi en est-il advenu. Je ne me presse pas en hiver, mais je le verrai aujourd'hui et je vous dirai mon mot avant de fermer ma lettre. Toujours est-il qu'on en raffole, qu'on a dit pour notre fait à nous que les *Économistes* avaient loué plusieurs loges jusqu'à la fin. Tout cela, tant en bien qu'en mal, et le sujet surtout, me dit que je voudrais que nous l'eussions fait ; tout cela, et le succès même de mes travaux dans un autre genre, me dit que les hommes ne peuvent, malgré tous leurs soins, dénaturer les choses autant qu'ils voudraient. Le public vient de rejeter une certaine *Isle sonnante*. Je dis à Canlet, son digne auteur, à qui, dans un de ces moments de condescendance sociale par lesquels j'essaie et mélange la trempe de mon caractère, je l'avais entendu lire, et qui l'avait faite pour Villers-Cotterets : *Monsieur, je crois que c'est là du ragoût de prince, mais je doute que le public prenne à deux heures de persiflage*. C'est un tissu d'allégories, d'esprit, de comique et de bouffonnerie, sur lequel on a mis de la musique qu'on dit charmante ; le public, en effet, la vomit, *naturam expellas furca*. Mon cher et digne ami, je voudrais que nous passassions dix-huit jours ensemble pour tâcher d'émousser, oui, d'émousser et de combattre le sentiment de vos malheurs. Vous me diriez quels ils sont vos malheurs, car je n'y vois goutte. Ce n'est pas votre santé, vous y êtes fait et vous n'en parlez plus ; ce n'est pas la qualité de cosmopolite, car vous avez étendu votre patrie sur toute l'Europe ; ce n'est pas votre exhérédation, vous seriez riche si vous le vouliez être ; ce n'est pas d'avoir trouvé des amis vipères, vous les aviez cherchés dans le panier fleuri philosophique et littéraire, et vous avez jeté tout cela au fumier ; ce n'est pas d'avoir été critiqué, censuré, calomnié, injurié ? Je le dis sans cesse à nos adeptes à aiguillon : liberté, liberté comprend celle qu'ont les roquets d'aboyer et même de mordre, et nous assure celle d'aller notre chemin. Si vous vouliez des hommages vous en auriez demain, et ainsi de tout le reste. Mais savez-vous ce qu'il vous faut, ainsi qu'à tout homme bon, vrai, simple et naturel, c'est-à-dire grand ? Le voici : 1° *Bisogna compatir*, et cela d'abord avec soi-même, ce qui n'est pas le plus aisé ; 2° de l'amitié qui ne gêne point, qui ne s'empresse point, qui n'aie pas du tout l'allure de celle du Monomotapa, qui ne compatisse, ni ne s'explique, ni ne s'embarrasse, ni ne soit en présence des bons procédés, ni ne domine, ni n'écoute, ni n'obéisse, ni ne parle ; de celle enfin qui fait l'homme toujours étranger dans le monde, toujours chéri dans son intérieur ; 3° quelque variété et point de prix fait de contenance ; je ne sache rien qui rende l'homme malheureux comme cela, l'homme du moins d'une certaine étendue. Il ne nous est pas plus donné de nous rétrécir que de nous étendre, sans cela il est des temps où nous embrasserions le globe entier, d'autres où nous tiendrions dans la coque d'un gland, des jours où nous voudrions être sylphes, d'autres cailloux ; mais enfin, tels que nous sommes, *bisogna compatir*, et l'homme, semblable à l'écureuil enfermé dans sa roue, veut sans cesse parcourir tous les points de l'espace qui lui fut donné. S'il cède à son instinct, la raison lui fait prendre son parti sur ses bornes physiques et morales, s'il le contrarie, la résistance devient la mesure de l'effort ; le passé, le présent, l'avenir, tout se mêle, tout paraît dans l'ordre du possible et dans les fers de l'impossibilité. L'homme rugit autour de l'issue apparente de sa cage, et n'en voit plus que les barreaux.

Vous êtes trop sain d'esprit et de cœur pour arriver jamais à de telles angoisses, c'est la maladie des ministres ou le tourment des scélérats ; mais les moindres apparences de cet état funeste doivent être évitées avec prudence, et la Providence nous en offre quelques ombres pour nous préserver de la présomption d'abonder trop dans notre sens particulier. Nous devons nous établir à Fleury ce mois de mai, votre payse, ma sœur et moi seulement. Vous devriez venir y passer quinze jours, plus ou moins, avec nous. Vous êtes libre sans doute, ne craignez rien, je vous suis garant et caution que vous n'avez rien à craindre. Nous viendrions de là, vous et moi, dans quelque coin de petite loge, entendre de ces jolis opéras comiques ; je ferais porter un clavecin à Fleury et nous ferions de la musique où je n'entendis rien de ma vie, mais je ferais les gestes, et vous occuperiez dans la petite maison un appartement qui a issue sur le jardin. Quand il me viendrait quelqu'importun, chose très rare, vu qu'on ne se divertit pas chez moi, vous seriez dans les champs et hors d'atteinte. Voyez, mon cher, si cela vous tente, et comptez que vous seriez avec de bien bonnes gens. Adieu, je vous embrasse et voudrais bien vous persuader.

Le 4.
J'ai vu ces *Moissonneurs* ; il y a deux ou trois jolis tableaux, peu de musique, quelques jolis airs, beaucoup d'esprit et de maximes, point de drame. Le public applaudit aux maximes, mais sans enthousiasme ; il pleure sans cesse aux tableaux et aux peintures de la vie champêtre enluminée de bienfaisance et d'amour reconnaissant. En tout, quand je compare ce qu'on offre au public et ce qui l'attire aujourd'hui, avec ce qui l'amusait autrefois, avec les parodies, même le haut comique et surtout le cothurne, je trouve que les hommes se civilisent par le cœur en attendant qu'ils le soient par l'esprit.

Réponse de Rousseau, 9 mars 1768.

À M. LE MARQUIS DE MIRABEAU.

9 mars 1768.

Je ne vous répéterai pas, mon illustre ami, les monotones excuses de mes longs silences, d'autant moins que ce serait toujours à recommencer : car, à mesure que mon abattement et mon découragement augmentent, ma paresse augmente en même raison. Je n'ai plus d'activité pour rien ; plus même pour la promenade, à laquelle d'ailleurs je suis forcé de renoncer depuis quelque temps. Réduit au travail très fatigant de me lever ou de me coucher, je trouve cela de trop encore : du reste je suis nul. Ce n'est pas seulement là le mieux pour ma paresse, c'est le mieux aussi pour ma raison ; et, comme rien n'use plus vainement la vie que de regimber contre la nécessité, le meilleur parti qui me reste à prendre, et que je prends, est de laisser faire sans résistance ceux qui disposent ici de moi.

La proposition d'aller vous voir à Fleury est aussi charmante qu'honnête, et je sens que l'aimable société que j'y trouverais serait en effet un spécifique excellent contre ma tristesse. Vos expédients, mon illustre ami, vont mieux à mon cœur que votre morale. Je la trouve trop haute pour moi, plus stoïque que consolante ; et rien ne me paraît moins calmant pour les gens qui souffrent que de leur prouver qu'ils n'ont point de mal. Ce pèlerinage me tente beaucoup, et c'est précisément pour cela que je crains de ne le pouvoir faire ; il ne m'est pas donné d'avoir tant de plaisir. Au reste, je ne prévois d'obstacle vraiment dirimant que la durée de mon état présent, qui ne me permettrait pas d'entreprendre un voyage, quoique assez court. Quant à la volonté, je vous jure qu'elle y est tout entière, de même que la sécurité. J'ai la certitude que vous ne voudriez pas m'exposer, et l'expérience que votre hospitalité est aussi sûre que douce. De plus, le refuge que je suis venu chercher au sein de votre nation, sans précaution d'aucune espèce, sans autre sûreté que mon estime pour elle, doit montrer ce que j'en pense, et que je ne prends pas pour argent comptant les terreurs que l'on cherche à me donner. Enfin, quand un homme de mon humeur, et qui n'a rien à se reprocher, veut bien, en se livrant sans réserve à ceux qu'il pourrait craindre, se soumettre aux précautions suffisantes pour ne les pas forcer à le voir, assurément une telle conduite marque non pas de l'arrogance, mais de la confiance ; elle est un témoignage d'estime auquel on doit être sensible, et non pas une témérité dont on se puisse offenser. Je suis certain qu'aucun esprit bien fait ne peut penser autrement.

Comptez donc, mon illustre ami, qu'aucune crainte ne m'empêchera de vous aller voir. Je n'ai rien altéré du droit de ma liberté, et difficilement ferais-je jamais de ce droit un usage plus agréable que celui que vous m'avez proposé. Mais mon état présent ne me permet cet espoir qu'autant qu'il changera en mieux avec la saison ; c'est de quoi je ne puis juger que quand elle sera venue. En attendant, recevez mon respect, mes remerciements, et mes embrassements les plus tendres.

Lettre à Jean-Jacques Rousseau, 19 février 1768. J.-J. Rousseau, ses amis et ses ennemis. Correspondance publiée par M. G. Streckeisen-Moultou, 1894, tome II, p. 394.

19 février 1768.

Faites-moi dire de vos nouvelles, mon cher maître, car je ne vous irai pas voir maintenant, pour ne pas grossir le nombre des survenants. Il est inutile que je vous répète ici ce que je vous ai dit ; ce concours d'amitié et d'hospice, le niveau avec les hautes protections, ne vaut pas grand'chose. On sait et on débite que vous êtes chez moi. Je suis persuadé et sûr même qu'il n'y a rien à craindre pour vous ; mais le *visiblement caché* n'appartient qu'aux gens à bonne fortune. Je m'en fie à votre amitié pour que je sache ce qui vous concerne. Adieu : je vous embrasse de tout mon cœur.

Lettre à Jean-Jacques Rousseau, Paris, 16 mars 1768. J.-J. Rousseau, ses amis et ses ennemis. Correspondance publiée par M. G. Streckeisen-Moultou, 1894, tome II, p. 394.

Paris, 16 mars 1768.

Je ne vous répéterai pas non plus, mon digne ami, les excuses de ma prompte riposte. *Trahit sua quemque voluptas.* C'est comme si je faisais les honneurs de mon activité de tête et d'occupations. Si j'ai fait de la morale stoïque avec vous, j'avais bien tort, car je ne l'aime du tout pas. Tout ce qui nous juche trop fort sur nos pattes de derrière me paraît semblable à la roue du coq d'Inde, qui ne saurait ni boire, ni manger, ni dormir, ni crier même, tant qu'il fait le beau. Je crois tout bonnement que l'homme est un animal fait pour le travail de corps et de tête, qui s'use et se rouille, ce qui équivaut à se fatiguer, quand il ne fait rien : que l'emploi de ses organes et de ses facultés est de se procurer son bien-être ; que la plus sûre voie de ce bien-être est de faire bien ou de son mieux, mais surtout de faire, parce que sans cela la terre n'est pas assez grande, la nature assez variée pour nous fournir des amusements, et qu'à l'égard des pensées, quoi qu'on en dise, nous trouvons aisément notre terme et ne faisons plus que de la dentelle sur les mêmes traces, si nouveaux faits ne nous portent nouveaux conseils. Voilà mon opinion, mon digne ami, et je l'eus de bonne heure, car quoique mon imagination me fournît alors des perspectives sans nombre, à perte de vue et toutes attrayantes, j'étais heureusement animal sensible et ratiocinant ; la sensibilité m'attachait et me fixait à la société de mes amis, et le goût pour raisonner me les fit choisir raisonnables et rendit ma société piquante pour eux. Je vis, tout en cherchant à voir, qu'il fallait ici-bas travailler ou être travaillé ; que ceux qui s'étaient fait des passions de choix s'en ennuyaient comme de toute autre chose, et qu'alors ils étaient doublement pauvres, c'est-à-dire pauvres honteux. Mon sort était très disponible, mais cette remarque me fit embrasser tous les colliers de misère de ma position. J'ai bien sué dessous, tandis que vous autres faisiez de la musique, sans ce que j'y suerai encore ; mais je préférais sciemment le malaise aux mécomptes : voyez combien tout cela est stoïcien. Maintenant même, quoique chargé de besogne et de mes affaires, le matin je suis obligé de me promener, et l'après-midi il m'est impossible de rien faire, au moyen de quoi je suis voué aux ressources des désœuvrés, qui dans ce pays, ainsi que partout, ont pris les bonnes places comme les premiers arrivés, ont attrapé l'accent, la grâce, les manières, et m'enverraient volontiers leur écrire s'ils n'étaient polis.

Ne voilà-t-il pas une belle position pour philosopher ? Eh bien ! c'est du fond de cette misère profonde que je vous dis que, quant aux maux physiques vraiment incurables je n'ai rien à dire, mais qu'il en est un dont on parle trop à bien des gens et pas assez aux autres ; dont le seul soupçon imputatif faisait rugir mon père qui en était dévoré dans sa retraite ; un que je vois dans un millier de gens et qui voudrait chaque jour me faire une visite, que le pauvre Berrichon dans sa cabane exprime par ce mot : *Je m'abandonne* ; dont le médecin La Case gémissait, la mort entre les dents, en disant : *Que faire dans ce monde quand on n'espère plus de succès ?* que nous appelons la maladie des ministres, et qui donnait à Louis XIII, du haut des tours de Saint-Germain, le brevet de vaguemestre de son propre enterrement. Ce mal terrible s'appelle vapeurs, et je crains bien qu'il ne tienne mon digne ami aux jambes, à la gorge, à la tête et partout. Oh ! tenez, n'allez pas vous fâcher, car je vous jure que je ne voudrais pas désobliger, je ne dis pas *vous*, que j'aime comme la nature et que je choie et prise comme un être plus particulièrement doué, mais pas même un méchant s'il était sur ma route ; mais je vous le dis, parce que je le crois, vous avez des vapeurs permanentes, et cela ne peut être autrement.

Le proverbe nous dit que le chien d'ermite a une occupation ; quant à l'ermite c'est un mendiant. Je vous crois pour le présent aussi désabusé des passe-temps du premier que vous le fûtes toujours de la vertu du dernier. Tant que le feu de la tête s'est soutenu avec permanence, que la plénitude de l'âme a duré, votre imagination a fait les plus beaux dialogues du monde avec la nature. Rien de tout cela n'est épuisé, mon digne ami ; la solitude était votre maîtresse, vous l'avez prise à femme, voilà tout ; c'est le mécompte de tout le monde et surtout des gourmands. On me l'a dit souvent ; je n'en ai tenu cure. J'aime le mal qu'on appelle excès, et s'il n'y avait que la modération et moi dans le monde, bientôt il finirait. Mais le remède n'est ni là ni ailleurs ; il est, ne vous déplaise, dans le changement, dans la variété, et voilà, selon moi, tout l'avantage qu'il y a à avoir de l'âme ; car *de l'esprit* est un mot qui m'a tant attrapé, que je ne l'entends ni ne veux désormais l'entendre. Les gens qui ont de l'âme ont, et pour eux et pour les autres, les avantages de l'intérêt varié, seule pâture capable de nous rendre des forces dans l'épuisement de la satiété. Sauf votre respect, je suis de ceux-là ; je porte ce feu vivifiant, il se rallume à tous les objets sensibles. Voilà ce que voulait dire le Régent quand il assurait, après avoir tout épuisé, n'avoir trouvé de vrai plaisir au monde que dans la conversation d'un homme d'esprit. C'est l'âme qui nous donne les plaisirs du changement sans les travers de l'inconstance. Les moindres objets prennent du corps à la lueur de ce feu vivifiant, mais il a besoin lui-même de changer d'aspect et de tableaux, sans quoi les reflets de l'uniformité parviendraient bientôt à l'éteindre, et c'est alors qu'il fait nuit noire, et que cette pauvre âme tant privilégiée à peine a la force de permettre qu'on lui fasse la litière et qu'on la mène à l'abreuvoir. Non, mon ami, ne croyez pas que vous soyez défunt ; quelques jours de bon régime vous remettraient comme le bonhomme Eucolpe après sa défortune. Eh oui, un vert galant est bien étonné, bien humilié, bien désabusé des vanités du monde, quand il lui arrive un accident de non-valeur ; mais il se réconforte, il se retrouve s'il lui survient *pain de par Dieu ou de par l'autre* ; il est tout joyeux du retour de son fier appétit ; vicissitude des choses humaines, il n'y a que cela. Vous allez encore vous fâcher et me dire que c'est vouloir prouver à celui qui souffre qu'il n'a point de mal. Eh bien, laissons cela, je vous suppose nul et pour toujours, de toute nullité, c'est comme cela que nous vous voulons. Vous nous connaissez, vous dînerez avec nous ou seul, vous nous verrez ou vous ne nous verrez pas, vous bouderez. Je vous dirai que je vous aime et vous estime par sympathie et par raison, que tout ce que je fais de mal est de grossir, je ne le fais pas exprès ; que je blesse les gens délicats trois fois par semaine parce que j'ai des durillons aux pattes, mais que pas un ne se déprend de moi parce qu'au fond je n'en eus jamais au cœur. Après cette exposition, je n'y prendrai pas garde et vous caresserai mécontent comme joyeux, quand cela me duira, et nous mettrons sur notre porte cet axiome levantin : *Bisogna compatir*, et puis votre payse vous tiendra aussi bonne compagnie en fait de crispations de nerfs qu'en fait de sensibilité et d'âme. Vous verrez vos amis et amies, et nuls autres si vous voulez : et ils me verront s'ils veulent, sinon je m'en passerai, car vous serez dans la petite maison, et puis vous partirez quand vous voudrez et vous resterez cinq ans ou dix, la malle faite chaque jour, ce qui est le mieux. Un homme sage de mes amis, retiré du service, se faisait éveiller les jours de tempête ; son valet lui disait qu'on avait battu la générale, le tout pour se procurer le plaisir de répondre : « *Je m'en...* » c'est cela que j'appelle un philosophe.

Mais, direz-vous, où est la rage d'avoir un homme, sa gouvernante et son chien pour n'en faire que ce que vous dites-là ? Parbleu, je vous le demande, cette question est de ville. Si la chose vous rit, comparez le bienfait avec ce qu'il me coûte ; dans le cas contraire, il ne nous oblige à rien ni l'un ni l'autre, et voilà le genre de vertu avec laquelle je veux vivre, et non avec celle de *Curtius* et de *Scévola*. Sur ce, je vous embrasse de bon cœur et vous honore de même. Me trouvez-vous trop stoïque cette fois ?

Nécessité de la concurrence religieuse

par Yves Guyot (1899)

Dans cette brochure de 1899, Yves Guyot défend la séparation des Églises et de l'État. « Que ce soit ce système ou un autre qu'on adopte, dit-il, le but à poursuivre, c'est d'établir, contre l'Église catholique actuelle, la possibilité de la concurrence religieuse. » — Yves Guyot, *Nécessité de la concurrence religieuse*, 1899

Il s'agit de grouper, dans une action commune contre l'Église romaine, tous ceux qui veulent avoir la liberté du choix et de la pratique de leurs convictions philosophiques ou religieuses, en remplaçant le régime oppressif du Concordat par la concurrence religieuse.

I

Comment les institutions libérales peuvent-elles s'adapter à un peuple catholique ? Voilà le redoutable problème qui se pose en France comme en Espagne, en Italie, en Autriche, en Belgique. Et nous devons reconnaître qu'aucune de ces nations n'est parvenue à le résoudre.

Un « catholique libéral » ! Deux mots qui hurlent de se trouver ensemble. Le catholique ne peut comprendre la liberté, puisque chacun des actes de sa vie est une aliénation de sa liberté à un autre homme. Au lieu de se décider par lui-même, il doit remettre la direction de sa conduite à un confesseur qui remet la sienne à un supérieur qui doit une obéissance passive au pape. « L'hérétique est un homme qui a une opinion », dit Bossuet. Quiconque pense, étant l'ennemi, doit être supprimé.

La grandeur de Luther vient de ce qu'il proclama l'individualisme de la foi. Il autorisa l'homme à croire par lui-même et, en lui remettant la direction de sa foi, il lui fit assumer la responsabilité de ses actes.

Dans les nations catholiques, l'autorité se trouve placée en dehors du pays. Le clergé se considère comme une nation dans la nation. S'il subit le gouvernement laïque, il ne relève que du Vatican. Si le Syllabus lui enseigne une doctrine contraire au Code civil, il doit la suivre.

II

L'Assemblée nationale de 1789 sécularisa les actes de l'état civil et le mariage, proclama la liberté de conscience, détruisit le clergé en tant qu'ordre. La séparation des Églises et de l'État était la conséquence logique de cette laïcisation de la société, de la législation, de l'administration, du gouvernement ; mais l'Assemblée nationale commit la faute de s'inspirer de la doctrine du prêtre fonctionnaire et d'essayer d'engrener l'Église dans la Révolution par la constitution civile du clergé.

La moitié des 120 000 prêtres existants alors sortirent de la France ou y restèrent à l'état insurrectionnel. Par le décret du 18 septembre 1794, la Convention donna la solution dans ce décret malheureusement trop tardif : « La République française ne paie plus les frais d'aucun culte. » Il fut complété par le décret du 3 ventôse an III, et l'article 354 de la Constitution de l'an III (17 août 1795) portait que : « Nul ne peut être empêché d'exercer, en se conformant aux lois, le culte qu'il a choisi. Nul ne peut être forcé de contribuer aux dépenses d'un culte. La République n'en salarie aucun. »

Qu'on lise les rapports officiels adressés au gouvernement consulaire à la fin de l'an IX, reproduits dans l'ouvrage de M. Félix Rocquain : *l'État de la France au 18 brumaire*, on y verra que presque partout, on s'était déshabitué des cérémonies du culte. Mme de Staël constate que le clergé catholique ne demandait que la tolérance. Mais « il fallait au premier consul un clergé comme des chambellans, comme des titres, comme de décorations, enfin, comme toutes les anciennes cariatides du pouvoir. C'est lui qui a recomposé le clergé pour le faire servir à ses desseins. » (*Consid. sur la Révolut. française,* éd. 1818, t. 2, p. 372.)

Dans ses notes dictées à Las Cases, Napoléon dit que « toutes les dispositions du moment poussaient la France au protestantisme ». Cette religion indépendante ne pouvait lui convenir. Il espérait avoir la direction du pape. Et il se laissa jouer.

Quand on essaie de faire le bilan des dix-sept article du Concordat, on trouve, comme avantages pour le premier consul, l'article 6 donnant la formule du serment de fidélité, qui se termine par cet engagement de police : « Si, dans mon diocèse, j'apprends qu'il se trame quelque chose au préjudice de l'État, je le ferai savoir au gouvernement » ; l'article 8 prescrivant la formule de la prière : *Domine, salvem fac rempublicam ; domine salvos fac consules* ; l'article 16 reconnaissant « dans le premier consul de la République française les mêmes droits et prérogatives dont jouissait l'ancien gouvernement ». C'était la reconnaissance du fait accompli.

En retour de ces trois articles, les quatorze autres sont exclusivement au profit du culte catholique. Le premier consul n'a qu'un droit de présentation pour la nomination aux archevêchés et évêchés. C'est au pape qu'appartient l'institution canonique des évêques et cette disposition suffit pour que, malgré les articles organiques, le pape pût tenir Napoléon en échec. Le 10 juin 1809, il va jusqu'à lancer une bulle d'excommunication contre lui. Napoléon convoque un concile dans lequel il déclara que le Concordat de 1801 n'existait plus. Ce concile prononça l'expulsion des prélats non institués et ne prêta que le serment d'obéissance au pape. Napoléon fait mettre à Vincennes les évêques de Troyes, de Tournon et de Gand, puis fait transporter le pape de Savone à Fontainebleau. Il avait voulu, selon le mot apologétique de Bignon, faire du clergé une « gendarmerie sacrée » ; et ces prétoriens en soutane étaient tous en révolte contre lui. Il avait parlé de « ses conciles », et il appelait le concile de 1813 une « convention de dévots ». Napoléon ne trouvait d'autre ressource que de faire administrer le clergé par son ministre de la police. En 1813, il tenait plus de cinq cents prêtres enfermés, sans jugement, dans des forteresses.

La Charte de 1814 déclara la religion catholique religion de l'État et, en 1817, le gouvernement de la Restauration fit un nouveau Concordat qui, tenant pour non avenu celui de 1801, rétablissait celui de Léon X et de François Ier. Il est vrai qu'il n'osa le soumettre à la ratification des Chambres. On a une tendance à croire que le clergé était satisfait de ce gouvernement qui faisait les lois sur l'observation du dimanche et sur le sacrilège. Pas du tout. Il se plaignait amèrement d'être persécuté parce que d'autres religions étaient tolérées à côté du culte catholique.

La monarchie de Louis-Philippe se vantait « de ne pas faire le signe de la croix ». Seulement elle conservait le Concordat. Cela suffit. Tous les hommes d'État passèrent par la filière catholique. Victor Cousin s'écriait, en 1844, qu'il faudrait « éteindre l'université, si elle voulait nuire à la religion ».

Les légistes du gouvernement voulaient un clergé national qui reconnût les quatre propositions de 1682. Mais, en 1845, soixante évêques adhérèrent à la doctrine ultramontaine de l'archevêque de Bonald contre le *Manuel du Droit ecclésiastique* de Dupin.

Les républicains de 1848 eurent la même illusion que Bonaparte et les deux gouvernements précédents. Ils aboutirent à la double expédition de Rome à l'extérieur et à l'intérieur.

Cependant, si les prêtres chantèrent avec enthousiasme le *Te Deum* en l'honneur du Deux-Décembre parce qu'il était le *De Profundis* de la République, ils ne furent pas plus acquis au neveu qu'ils n'avaient été acquis à l'oncle. La guerre d'Italie acheva de brouiller le clergé avec l'Empire.

Depuis 1870, on a trouvé la main du clergé dans tous les entreprises contre la République. Au 24 Mai, au 16 Mai, il a employé toute l'énergie dont il est capable, tous les moyens dont il dispose en faveur des partis ligués contre la République et coalisés en un seul, sous le nom de cléricalisme. Il continue. Il n'accepterait la République que s'il en était le maître. Les journaux qu'il lit, la *Croix*, la *Libre Parole*, l'*Autorité* indiquent suffisamment sa mentalité. Le gouvernement paie les prêtres, les comble d'avantages, maintient l'unité et la discipline de l'Église, et est réduit devant leur hostilité, leur conspiration permanente, à une impuissance constitutionnelle. Il peut suspendre le traitement de trois cents prêtres, comme le fit M. Goblet, mais il ne peut les envoyer dans des prisons d'État, comme le faisait Napoléon. Il ne peut même pas user à leur égard des articles 204, 205, 206, 207, 208 du Code pénal dont une circulaire du garde des sceaux du 8 avril 1861 rappela inutilement l'existence. Quant à l'appel comme d'abus, l'évêque, le prêtre qui en est frappé considère que son devoir professionnel est de manquer aux articles organiques que n'a jamais reconnus le pape. Frappé, il n'est coupable ni à ses yeux ni aux yeux des siens. Il devient un martyr. C'est d'une auréole que le gratifie toute action répressive laïque dirigée contre lui. Le Concordat n'est pas plus pour la République que pour les autres régimes qui se sont succédé en France un *instrumentum regni*, et malgré les avances qu'ils leur ont faites, les républicains n'y ont point converti les curés de campagne.

III

Si le Concordat a enrégimenté le clergé, c'est au profit du Vatican. Il a constitué sa hiérarchie : en tête 17 archevêques, 67 évêques reçoivent leur institution du pape ; puis viennent 3 451 curé inamovibles et ensuite un prolétariat de 31 000 desservants et de

7 000 vicaires. Ceux-ci, qui ne sont pas concordataires, sont les hommes-liges des curés et des évêques. Ils n'ont aucune garantie, peuvent être déplacés, mis à la portion congrue, révoqués sans recours possible. Le Parlement pourrait demain supprimer les 30 649 000 fr. qu'ils absorbent sans toucher au Concordat.

Le Concordat a embrigadé le clergé et l'a soumis à la discipline des archevêques et des évêques. Il en a fait un tout compact et solide et l'empêche de se désagréger. Il a soustrait le haut clergé à la critique et au contrôle du clergé inférieur. Il a, enfin, soustrait le clergé tout entier à la critique et au contrôle des fidèles intéressés.

Il l'a mis au-dessus de toute controverse et de toute concurrence.

Une commune ne peut choisir son prêtre. Un jugement, en 1885, a exclu de son église le curé de Bragayrac que sa commune voulait garder en dépit de son évêque.

L'organisation de l'Église catholique par le Concordat a supprimé toute concurrence possible contre elle.

Vouloir combattre le cléricalisme et l'influence de Rome sans détruire cette organisation, c'est vouloir supprimer les effets sans détruire la cause.

Par conséquent, il n'y a qu'une solution : *C'est la séparation des Églises et de l'État, l'annulation du Concordat.*

IV

Je n'examine pas pour le moment les détails d'application. Le 27 mai 1886, j'ai déposé à la Chambre des députés, avec un certain nombre de mes collègues, une proposition de loi sur la séparation des cultes et de l'État par les communes. Afin que la séparation des Églises et de l'État ne soit pas une aggravation de charges pour les fidèles, les crédits affectés aux frais des cultes seraient répartis, à titre de dotation, entre les communes au prorata de la part attribuée actuellement à chacune d'elles. Les conseils municipaux en auraient la libre disposition.

Que ce soit ce système ou un autre qu'on adopte, le but à poursuivre, *c'est d'établir, contre l'Église catholique actuelle, la possibilité de la concurrence religieuse.*

V

Les adversaires de cette solution ne se placent qu'à un point de vue. Ils croient que le Concordat supprimé et la liberté des cultes proclamée, il ne reste en face les uns des autres que les catholiques et les libre-penseurs, et alors ils disent : — Un peuple ne peut se passer de religion et les catholiques seront plus puissants que jamais.

Libre-penseur, je reconnais que les libre-penseurs ne sont qu'une minorité. Il est indéniable que la grande majorité des hommes éprouve le besoin d'être unis par un lien religieux. Mais n'y a-t-il donc pour les nations civilisées d'autre religion que la religion catholique ? M. Hyacinthe Loyson ne vient-il pas de montrer, dans la belle étude publiée par le *Siècle*, la chute des nations catholiques ?

Si on compare leur situation avec celle des nations protestantes, une conclusion s'impose : *la France a tout à perdre en restant catholique et tout à gagner en devenant protestante.*

Le protestantisme n'a pas un syllabus étroit dans lequel chacun est obligé de passer. Il revêt toutes les formes, il s'adapte à toutes les intelligences.

À ceux qui demandent : — Que mettez-vous à la place du catholicisme ? La réponse est toute prête : — *le Protestantisme !*

En détruisant l'organisation actuelle du catholicisme, et en établissant contre lui la possibilité de la concurrence religieuse, nous devons proclamer nettement, sans ambages, que *c'est au profit du Protestantisme et que c'est sur le Protestantisme que nous comptons pour arracher la France au catholicisme.*

Si le système de la séparation des Églises et de État a effrayé tant de personnes en France, c'est que la question n'avait été posée devant l'opinion qu'entre le catholicisme et la libre-pensée.

Pourquoi, nous libre-penseurs, ne serions-nous pas les premiers à la poser autrement et à remplacer la formule de Mirabeau : « Il faut déchristianiser la France » par celle-ci : « **Il faut décatholiciser la France ?** »

VI

Nous voyons ce spectacle : l'homme est libre-penseur, mais il fait apprendre le catéchisme à ses enfants : de là une contradiction démoralisante pour l'enfant qui se voit obligé de faire des actes de foi à des objets de raillerie pour son père.

Ce libre-penseur se marie à l'église, se fait enterrer à l'église ; sa femme va tout au moins à la messe, sinon à confesse ; ses filles sont souvent élevées au couvent et pratiquent. Tout est confusion et contradiction. L'homme qui ne peut faire la séparation du catholicisme et de sa famille est actuellement le plus ferme soutien de l'Église.

Mais que la religion catholique cesse d'être le culte officiel, chaque famille sera incitée à faire un choix et aura à sa disposition la forme de protestantisme la plus conforme à sa conception. Elle ne se croira plus obligée d'être catholique « pour avoir une religion ». Elle saura qu' « elle peut avoir une autre religion » que le catholicisme.

VII

J'entends les objections :
— « Quoi ! vous allez ranimer les querelles religieuses ? »

Les ranimer ? Il me semble que nous venons de voir une formidable explosion de haines religieuses : et je me demande comment nous pourrions l'augmenter.

Mais qu'est-ce donc que cet argument ! c'est celui avec lequel on a voulu justifier toutes les mesures de proscription contre les hérétiques. Pour supprimer les querelles religieuses, la révocation de l'Édit de Nantes supprimait les protestants.

J'aime mieux les querelles religieuses que l'oppression silencieuse et mécanique du clergé catholique.

On ajoute :

« Loin d'affaiblir le clergé catholique, vous augmenterez sa puissance, en le provoquant à la lutte. »

Il nous semble qu'il n'a pas besoin d'être provoqué pour combattre tous ceux qui ne sont pas ses hommes-liges. Et c'est une singulière manière d'affaiblir son énergie que de maintenir à son profit l'organisation et la dotation qui résultent du Concordat.

Les campagnes de Drumont et de Thiébaud prouvent qu'il a un appétit insatiable d'oppression et de persécution.

On dit encore : — « Le clergé libre sera plus puissant, mieux doté, qu'aujourd'hui. »

Pourquoi donc ? Sur un budget des cultes de 43 millions, les crédits affectés au culte catholique comprennent 41 millions. Le clergé recevra des donations, des souscriptions. Mais il en reçoit aujourd'hui qui viennent s'ajouter à ces millions. La constitution d'une pareille dotation annuelle n'est pas d'une réalisation facile.

La différence est grande entre un corps hiérarchisé, faisant partie de l'organisme de l'État, et un corps qui ne devra plus vivre que par lui-même, n'avoir d'autre influence que celle qu'il saura acquérir ou conserver par ses propres efforts. Le prêtre a aujourd'hui tous les avantages du fonctionnaire : et cependant, dès 1878, M. l'abbé Bougaud, grand vicaire de l'évêché d'Orléans, dans un livre intitulé : *le Grand péril de l'Église de France*, montrait l'impossibilité pour le clergé catholique de se recruter. De plus, beaucoup de jeunes gens qui se faisaient prêtres jadis deviennent instituteurs aujourd'hui. Si les évêques s'imaginaient que la séparation des Églises et de l'État rendra l'Église plus puissante demain qu'elle ne l'est actuellement, ils ne la combattraient pas.

On répète : « La France n'est pas devenue protestante au XVIe siècle : il est trop tard pour qu'elle le devienne. »

Pourquoi ? Si elle n'est pas devenue protestante, c'est que le protestantisme a eu de formidables résistances à vaincre. Henri IV, en disant : « Paris vaut bien une messe », a sacrifié l'avenir à la morale du succès immédiat. Les protestants ont été exterminés, traqués jusqu'à la Révolution. Le Concordat a rétabli la domination du catholicisme. Les protestants ont eu toutes sortes de luttes à soutenir. Cependant ils ne sont pas affaiblis en France. Et c'est parmi eux qu'on a trouvé les plus intrépides combattants contre le Deux-Décembre et pour la République.

Le catholicisme, avec ses pratiques, ses miracles de Lourdes, son culte du Sacré-Cœur, ne peut plus avoir de prise sur les personnes qui sont imprégnées de l'esprit scientifique ambiant et qui ont besoin d'une religion. Le protestantisme leur est ouvert sans leur demander de sacrifices à l'absurde.

VIII

À ceux qui déclarent à la fois que le cléricalisme est l'ennemi et qui veulent maintenir l'état de choses actuel, je pose la question suivante :

— Conjurez-vous le péril du cléricalisme en vous bornant à répéter qu'il est l'ennemi ?

— Non.

— Alors quelle mesures comptez-vous prendre contre lui ? Appliquer rigoureusement les articles organiques au clergé ? Appliquer les articles du Code pénal 204 à 208 aux prêtres qui critiqueront le gouvernement ? Multiplier les appels comme d'abus ? Mais vous serez obligés de vous arrêter à la porte du confessionnal. Expulser les jésuites ? Soit. Placer les congrégations sous un régime qui les empêche de continuer à se constituer en sociétés secrètes ? C'est ce que nous demandons. Mais toutes ces mesures ne sont que des palliatifs. Si nous voulons arracher la France à l'influence dépressive du catholicisme, il faut détruire l'organisation faite à son profit le 26 messidor an IX. *Il faut remplacer l'oppression catholique résultant du Concordat par la concurrence religieuse.*

YVES GUYOT

LA SÉPARATION DES ÉGLISE ET DE L'ÉTAT PAR LES COMMUNES

On nous a demandé de reproduire la proposition de loi déposée par M. Yves Guyot et trente-sept de ses collègues, le 27 mai 1886, sur la *Séparation facultative des cultes et de l'État*.

Nous donnons la conclusion de l'exposé des motifs et le dispositif de la proposition de loi.

Ce système consiste à remettre aux communes les crédits affectés aux cultes, au prorata des crédits qui sont affectés actuellement aux cultes exercés sur le territoire de chacune d'elles.

CONCLUSION

Ce système présente un double avantage :
Une prime collective, donnée à la commune ;
Une prime individuelle, donnée à chaque contribuable.

Les centimes additionnels que les communes ont dû s'imposer pour l'instruction sont repris à l'Église, et c'est justice !

Le droit du libre-penseur est sauvegardé ; il ne contribue au budget des cultes que s'il le veut.

Le principe que nul ne doit contribuer aux frais du culte qu'il ne pratique pas reçoit sa pleine sanction.

D'un autre côté, la séparation de l'Église et de l'État se fait sans violence, sans coercition. Les paysans, les fidèles ne peuvent pas dire qu'elle est, pour eux, un accroissement de charges ; elle se présente, au contraire, sous la forme d'un dégrèvement.

Le progrès, au lieu d'être d'une uniformité inflexible, se proportionne aux milieux. Il n'invoque pas la contrainte, il provoque l'assentiment.

C'est la vraie politique scientifique substituée à la politique empirique, de passion, d'intolérance, de contrainte, de timidité dépressive ou d'audace irréfléchie qui nous a valu tant de crises et si peu de solutions.

C'est la conciliation de la politique de principes avec les nécessités du milieu sur lequel elle doit agir.

Au lieu de se présenter avec dogmatisme, de vouloir s'imposer sans tenir compte des résistances, de plagier l'esprit prêtre dans son absolutisme, ce système représente la tolérance, la liberté : il ne demande rien à la force, mais tout à l'exemple et à la persuasion. Et qu'est-ce que la politique dans un gouvernement de discussion ? sinon l'art de faire accepter demain, par les récalcitrants de la veille, la solution conforme à la vérité et à la justice.

La séparation des Églises et de l'État est posée d'une manière trop nette dans l'opinion publique, elle est trop liée au plan général de notre évolution sociale pour que le Parlement puisse se dérober à cette nécessité. Ajourner les questions, c'est les laisser s'accumuler, se grossir les unes par les autres, s'irriter à leurs contact réciproque ; c'est avouer son impuissance, c'est provoquer des déceptions chez ceux qui réclament les réformes promises sans se concilier ceux qui les repoussent. Aux impatients qui nous disent : ce sera bien long ! nous répondrons que rien ne vaut, pour assurer la réalisation rapide d'une réforme, comme un commencement d'exécution ; et, selon nous, s'il est utile d'agiter les questions, ce n'est qu'à la condition d'avoir la volonté de les faire aboutir.

PROPOSITION DE LOI

ARTICLE PREMIER. — La direction des cultes est supprimée. En conséquence, il ne sera plus inscrit au budget de crédit pour le personnel, le matériel et les impressions des bureaux des cultes.

Art. 2. — Les crédit affectés aux traitements des curés, aux allocations aux desservants et vicaires, au personnel des cultes protestant, israélite et musulman, aux dépenses des *séminaires* protestants et israélites, aux frais d'administration de l'Église de la confession d'Augsbourg, *sont répartis entre les communes au prorata de la part attribuée à chacune d'elles pour l'exercice X.*

Les crédits affectés aux traitements des archevêques et évêques, aux allocations aux vicaires généraux et aux chanoines, aux mobiliers des archevêchés et évêchés, aux loyers pour évêchés, séminaires, seront répartis entre les communes de chaque circonscription diocésaine.

Art. 3. — Ces crédit constitueront une dotation perpétuelle pour les communes.

Art. 4. — Les crédits affectés aux églises classées comme monuments historiques seront reportés au service des beaux-arts.

Les crédits affectés aux édifices religieux non classés comme monuments historiques (secours pour les églises et presbytères, secours pour les édifices des cultes protestant, israélite, dépenses du matériel du culte musulman) seront remis aux communes sur le territoire desquelles ces édifices sont situés.

Art. 5. — La somme représentant le total des crédits remis aux communes, en vertu de l'article 2, sera prélevée sur le produit des contributions directes. La répartition entre les contribuables devra être faite au prorata des contributions directes payées par chacun d'eux. Sur l'avertissement pour l'acquit des contributions directes, aux indications actuelles ainsi conçues : « Dans le montant des cotes ci-contre, il revient, savoir : à l'État, au département, à la commune », il sera ajouté : « Aux cultes. »

Art. 6. — Dans les trois mois de la publication des rôles, chaque contribuable pourra déclarer qu'il entend être dégrevé de la part des centimes communaux équivalent à sa part contributive pour le service des cultes.

Cette déclaration, faite par écrit, sera remise au maire, qui la transmettra au sous-préfet. Le préfet communiquera les déclarations au directeur des contributions directes. La déclaration sera exempte du droit du timbre. Elle sera valable jusqu'à manifestation d'intention contraire.

Art. 7. — Le Conseil municipal pourra réduire ou supprimer en totalité les subventions accordées au cultes et les traitements alloués aux ministres ou représentants des cultes.

Il pourra employer la subvention de l'État correspondante à tel usage qu'il lui conviendra.

Art. 8. — Lorsque la moitié plus un des contribuables aura refusé de contribuer aux frais des cultes, la totalité de la subvention de l'État servira de plein droit au dégrèvement des centimes additionnels communaux.

Art. 9. — La réduction ou la suppression des subventions et des traitements, même au cours de l'année, ne pourra donner lieu à aucune réclamation de la part des ministres ou représentants des cultes, nonobstant toute clause contraire insérée dans les traités ou conventions passés par eux avec les communes.

Art. 10. — Les associations religieuses sont assimilées aux syndicats professionnels et soumises aux dispositions de la loi du 21 mars 1884.

Art. 11. — Les ministres qui renonceront à l'exercice du culte dans un délai de trois ans à partir de la promulgation de la présente loi recevront de l'État un secours temporaire s'ils sont âgés de moins de soixante ans, viager s'ils ont dépassé cet âge.

Art. 12. — Les Conseils municipaux peuvent changer l'affectation des édifices consacrés au culte, qui appartiennent aux communes.

Les églises cathédrales et métropolitaines situées dans les communes qui auraient cessé de subventionner les cultes, cesseront de plein droit d'être affectées au culte.

Art. 13. — La convention du 20 messidor an IV, dite le Concordat de 1801, est dénoncée. Toutes les lois antérieures contraires au dispositions de la présente loi, et spécialement la loi du 18 germinal an X, dites articles organiques, sont abrogées.

Telle est cette proposition de loi. Nous ne la présentons pas comme un dogme absolu. Nous la présentons comme une base de discussion.

En voici les avantages :

Elle donne une prime aux communes pour la diminution du budget des cultes, et cette prime est en France, Algérie non comprise, de 41 millions en ce qui concerne l'Église catholique, tandis que 1 539 000 francs seulement sont affectés aux églises protestantes et 163 500 francs au culte israélite.

Le système de cette proposition de loi brise l'organisation de l'Église résultant du Concordat. Elle remet aux Conseils municipaux le droit de disposer des crédits affectés aux services des cultes et des édifices religieux.

Elle leur permet le choix de leurs prêtres et de leur culte.

Elle établit la *concurrence religieuse*.

Ces dispositions ne font point partie de la politique répressive et persécutrice ; elles appartiennent à la politique expansive, à la politique de liberté.

Les cultes sont, en France, sous le régime collectiviste ; le projet de loi les place sous le régime individualiste où chacun est libre de choisir ses opinions, sa manière de vivre, les groupes auxquels il veut s'adjoindre, et d'essayer de faire prévaloir ses opinions, ses idées, son parti par la discussion.

À la place de l'oppression catholique résultant du Concordat, nous demandons la liberté des cultes.

La liberté se visite.

Le Musée Denis Diderot à Langres

Olivier Caumont (dir.), *La Maison des Lumières Denis Diderot. Présentation des collections permanentes*, Silvana Editoriale, 2021, 104 pages.

Les penseurs et défenseurs de la liberté en France ne jouissent pas d'une renommée telle qu'on doive voir avec indifférence le succès des initiatives qui tâchent de les faire mieux connaître et mieux valoir. Il en est ici des musées comme du reste. À peine notre pays compte-t-il un Musée Voltaire, un Musée Pierre Bayle, et un Musée Diderot : et en attendant de pouvoir présenter un jour les richesses d'un Musée Turgot, Frédéric Bastiat ou Jean-Baptiste Say (les lieux ne manqueraient pas, s'il ne manquaient pas plutôt et d'abord d'argent), c'est à ces figures libérales plus larges, plus composites, qu'il faut recourir, si l'on veut, en libéral, reprendre goût avec le tourisme culturel.

Ni cette revue, ni même encore la chaîne YouTube que l'Institut Coppet anime autour de voyages sur les traces des penseurs libéraux français, n'ont vocation à être un guide de voyage ; l'ambition serait sans doute admirable, mais ce n'est pas la nôtre en l'état. Ce n'est que par occasion, ici ou ailleurs, que la promotion des hauts lieux du libéralisme français sera faite.

L'occasion, ici, se présente d'elle-même. La ville de Langres et les équipes du Musée des Lumières Denis Diderot ont publié au tout début de cette année un bel ouvrage très bien illustré, présentant en une centaine de pages les différentes salles et collections de cet établissement.

Nombre de ces possessions sont attendues, et n'étonnent guère : ainsi en va-t-il des tableaux, des bustes ou des ouvrages de Diderot, qu'on peut toutefois admirer ici de près, ce qui n'est que rarement possible. Ils peuvent être l'occasion, d'ailleurs, de revenir sur leur portée libérale parfois oubliée. La grande *Encyclopédie*, par exemple, accueillit les plus célèbres publications de François Quesnay et de Turgot, et fut l'occasion d'une attaque frontale contre la société d'Ancien régime, ses travers et ses tyrannies, qui devaient succomber un demi-siècle plus tard, dans le grand feu révolutionnaire. Diderot fut, d'ailleurs, un éditeur étonnamment libéral : il commissionnait et relisait les articles des autres, mais ne les corrigeait que très rarement, donnant pour toute raison que « chacun a une manière de penser et de dire qui lui est propre, et dont on ne peut exiger le sacrifice dans une association où l'on n'est entré que sur la convention tacite qu'on y conserverait toute sa liberté. » (*Encyclopédie*, article « Éditeur ».)

D'autres objets, conservés dans le Musée, nous introduisent dans des aspects moins connus, mais parfois très dignes de réflexions, de son œuvre. Un curieux couteau à deux lames opposées, signé du nom de Didier Diderot, nous rappelle que le père du philosophe était habile coutelier, et que c'est en connaissance de cause que son fils prit position, aux côtés de Turgot, contre les corporations et pour la liberté du travail.

Même parmi les bustes et statues de Diderot, certaines doivent attirer particulièrement l'attention. Voyez par exemple la belle statue du centenaire, conçue par celui qui donna aussi au monde la Statue de la Liberté (Bartholdi), statue qui trône aujourd'hui à Langres, et dont le musée possède la miniature en plâtre, préparée par l'auteur pour l'aider dans son travail final. Il existe encore des projets de monuments jamais érigés, et pour cause : Diderot, philosophe athéiste, resta éminemment controversé jusqu'à la fin du XIXe siècle. Et pourtant il était resté moderne ; tristement moderne, disait Yves Guyot. L'est-il moins aujourd'hui ?

Benoît Malbranque

www.ingramcontent.com/pod-product-compliance
Lightning Source LLC
Chambersburg PA
CBHW082121220526
45472CB00009B/2269